Taschen

Noch mehr moderne Klassiker nähen

19 Projekte • 76 Taschen

Sue Kim

EMF

EIN BUCH DER
EDITION MICHAEL FISCHER

Impressum

Bibliografische Information der Deutschen Bibliothek.

Die Deutsche Bibliothek verzeichnet diese Publikation in der deutschen Nationalbibliografie.

Detaillierte bibliografische Daten sind im Internet über http://www.d-nb.de/ abrufbar.

EIN BUCH DER EDITION MICHAEL FISCHER

1. Auflage 2016

Erstveröffentlicht bei Stash Books, ein Imprintverlag von C&T Publishing, Inc USA

Titel der Originalausgabe: Boutique Bags

Aus dem Englischen übertragen von Eva Korte, Börger
Lektorat: Ute Wielandt, Baar-Ebenhausen
Gesamtherstellung: Leeloo Molnár
Produktmanagement: Heike Fröhlich, Saskia Wedhorn

ISBN 978-3-86355-484-2

Printed in China

www.emf-verlag.de

Widmung

Für alle Leser, die an meinem allerersten Buch Freude hatten, *Taschen – Moderne Klassiker nähen*. Ohne sie stünde ich jetzt nicht hier. Außerdem für alle, die ihre eigenen Taschen herstellen möchten, für sich selbst oder als besonderes Geschenk.

Danksagung

Wie immer möchte ich Jung, meinem Mann und bestem Freund, danken; meinen drei Kindern, Chan, Caleb und Veronica; June, die mir beim Nähen der Taschenmodelle unter die Arme greift; und John für seine Unterstützung beim Erstellen der Schnittmuster.

Mein Dank gilt Patrick, der mir mit Rat und Tat bei der Erstellung des Manuskripts zur Seite stand.

Inhalt

Einleitung 6

Handwerkszeug, Material und Grundtechniken 7

KLEINE PROJEKTE

Zippertäschchen 20

Bügeltasche und Clipbörse Madison 28

CLUTCHES

Clutch Jayleen 34

Clutch Evelyn 44

TASCHEN

Handtasche Julianna 50

Handtäschchen Linnea 56

Rüschentasche Genevieve 62

Hobo Thelma 70

Reisetasche Susan 76

Klappentasche Violet 84

Strandtasche Valentina 90

Kuriertasche June 96

Shopper Miranda 104

Henkeltasche Stephanie 110

Faltbarer Einkaufsbeutel 116

Galerie 124

Über die Verfasserin 127

Stoffdesigner 127

Einleitung

Bei meinem ersten Buch, *Taschen – Moderne Klassiker nähen*, hatte ich Nähanfänger im Sinn und beschränkte das Material auf ein Minimum. Dieses neue Buch enthält wieder viele Projekte, die für Nähanfänger geeignet sind. Es sind allerdings auch ein paar aufwendigere Modelle enthalten, bei denen verschiedenes Zubehör zum Einsatz kommt, beispielsweise Taschenbügel, Lederhenkel und Schnallen.

Dieses Buch soll Ihnen Sicherheit beim Nähen geben und Sie weiterbringen.

Handwerkszeug, Material und Grundtechniken

Handwerkszeug und Material

Sie benötigen folgendes Handwerkszeug: Nähmaschine, Nähmaschinengarn, Hand- und Nähmaschinennadeln, Nadelkissen, Lineal, Sicherheitsnadeln, Stecknadeln, Schere, Nahttrenner, Gewichte zum Zuschneiden, Maßband und Schneiderkreide; eine Overlock-Maschine ist von Vorteil, aber nicht notwendig.

Ich verwende Leinen- und Baumwollstoffe, Dekostoffe, Patchworkstoffe, Lederimitat und wasserabweisende Stoffe als Oberstoff und Baumwollstoffe in Patchworkqualität als Futter. Ich verwende leichte bis mittlere Bügeleinlagen, je nach Dicke der Stoffe. Reißverschlüsse verwende ich als Rollenware, die ich beliebig zuschneiden kann.

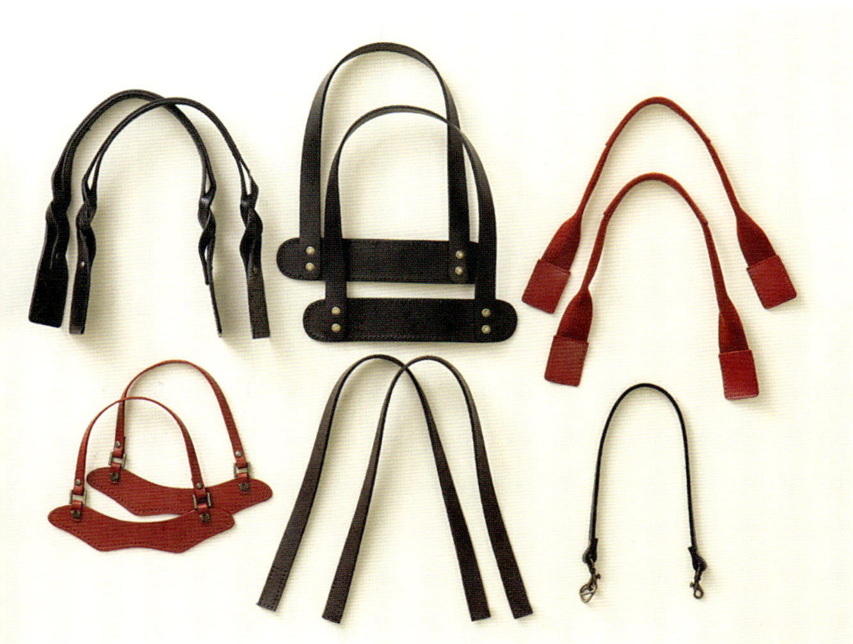

Lederhenkel werden in verschiedenen Ausführungen angeboten; manche sind vorgestanzt und können an die fertige Tasche genäht werden; andere werden mit O- oder D-Ringen befestigt. Wählen Sie den passenden Henkel für das gewählte Taschenmodell aus und nähen Sie Ihre Design-Tasche!

Taschenbügel werden auch mit Kette zum Umhängen der Bügeltasche angeboten. Bei manchen Taschenbügeln ist die Kette abnehmbar. Mit diesen Taschenbügeln haben auch Anfänger kaum Probleme; die Taschenkante wird einfach in die Rille des Bügels geklebt.

Grundtechniken

Magnetverschluss einsetzen

Setzen Sie den Magnetverschluss nach den Herstellerangaben ein.
Die meisten Magnetverschlüsse können Sie folgendermaßen einsetzen:

1. Schneiden Sie ein Stück Bügeleinlage zu, das auf allen Seiten mindestens 6 mm größer ist als der Verschluss.
2. Bügeln Sie die Einlage an der Verschlussposition mittig auf die linke Stoffseite.
3. Legen Sie die Gegenscheibe mittig auf die Einlage. **ABBILDUNG A**
4. Markieren Sie mit einem Bleistift die Einschnitte für die Metalllaschen.
5. Schneiden Sie die Schlitze für die Laschen vorsichtig ein. **ABBILDUNG B**
6. Schieben Sie die Laschen eines Magnetteils von der rechten Stoffseite in die Schlitze. **ABBILDUNG C**
7. Legen Sie auf der linken Stoffseite die Gegenscheibe über die Metalllaschen und biegen Sie die Laschen nach außen auf die Scheibe. Setzen Sie das andere Magnetteil auf die gleiche Weise in das andere Stoffstück ein. **ABBILDUNG D**

A

B

C

D

O-Ring befestigen

1. Schneiden Sie zwei Bänder mit 5 cm Länge zu. Bügeln Sie die beiden Querkanten 1 cm um. **ABBILDUNG E**

2. Falten Sie das Band auf die Hälfte. Ziehen Sie den O-Ring auf. Steppen Sie die Bandenden zusammen. **ABBILDUNG F**

3. Legen Sie die Schlaufe an der Seitennaht des Futters an. Stecken und steppen Sie die Schlaufe fest. **ABBILDUNG G**

4. Wiederholen Sie die Schritte 1–3 mit der anderen O-Ring-Schlaufe.

E

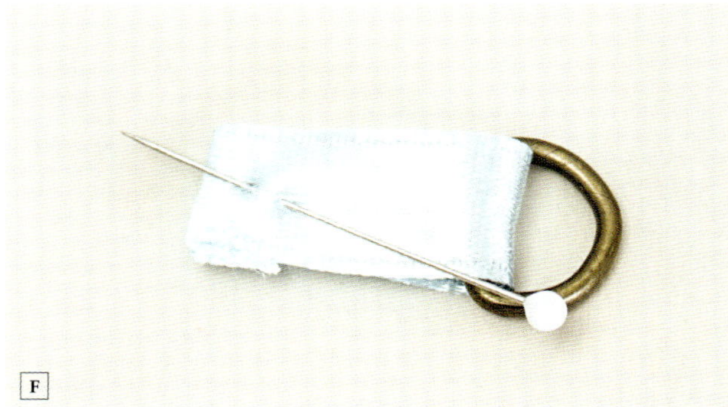
F

G

Drehverschluss einsetzen

1. Schrauben Sie den Drehverschluss mit einem Schraubendreher auf.

2. Legen Sie das Unterteil auf die Futterseite des Taschendeckels.

3. Übertragen Sie die Konturen des Unterteils auf den Futterstoff. **ABBILDUNG H**

4. Schneiden Sie die Innenkontur des Unterteils aus dem Taschendeckel aus. Bohren Sie die Löcher auf beiden Seiten mit einer Ahle oder der Scherenspitze. **ABBILDUNG I**

5. Legen Sie das Oberteil an der Oberstoffseite des Taschendeckels passgenau mit dem Unterteil an und schrauben Sie es fest. **ABBILDUNG J**

6. Markieren Sie die Schlitze für das Verschlussteil an der auf dem Schnittmuster markierten Stelle auf der Vorderseite und schneiden Sie diese ein. **ABBILDUNG K**

7. Schieben Sie das Verschlussteil in die Schlitze, legen Sie die Gegenscheibe über die Laschen und biegen Sie die Laschen nach außen um. Sie können den Drehverschluss mit einem Stück Einlage noch stabilisieren. **ABBILDUNG L**

H

I

J

K

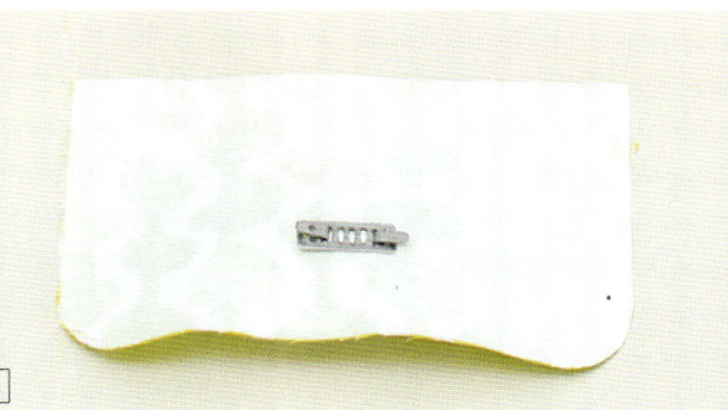

L

Nahtzugaben einschneiden und zurückschneiden

EINSCHNEIDEN

Schneiden Sie die Nahtzugabe von verstürzten Rundungen ein, wenn sie nach innen gebogen sind, und kerben Sie diese ein, wenn sie nach außen gebogen sind, damit die Rundungen nach dem Wenden glatt liegen. Schneiden Sie nur in die Nahtzugabe, nicht in die Naht! **ABBILDUNG M**

M

ZURÜCKSCHNEIDEN

Schneiden Sie die Nahtzugabe an verstürzten Ecken zurück, damit die Ecken nach dem Wenden exakt gewinkelt und nicht wulstig sind. **ABBILDUNG N**

N

Innentaschen

Die Taschen sind mit verschiedenen Innentaschen ausgestattet.

AUFGESETZTE INNENTASCHE

1. Legen Sie den Taschenschnitt auf der rechten Stoffseite auf und schneiden Sie zwei Teile zu.
2. Verstürzen Sie die Tasche rechts auf rechts und lassen Sie eine Wendeöffnung. Schneiden Sie die Ecken zurück. Siehe Zurückschneiden. **ABBILDUNG O**
3. Wenden Sie die Innentasche und schieben Sie die Ecken mit einem spitzen Gegenstand heraus.
4. Schieben Sie die Nahtzugaben der Wendeöffnung nach innen und bügeln Sie die Innentasche.
5. Stecken Sie die Öffnung zu und steppen Sie die Kante mit der Öffnung schmalkantig ab; verriegeln Sie die Naht am Anfang und am Ende. **ABBILDUNG P**
6. Legen Sie die Tasche auf der rechten Stoffseite des Futters an der gewünschten Position oder nach der Schnittvorlage auf. Steppen Sie die Tasche von einer Seitenkante über die Unterkante bis zur anderen Seitenkante auf; verriegeln Sie die Naht am Anfang und am Ende. **ABBILDUNG Q**

O

P

Q

INNENTASCHE MIT GUMMIZUG

1. Schlagen Sie die Oberkante der Innentasche für den Tunnelzug 1,3 cm doppelt um. **ABBILDUNG R**

2. Stecken und steppen Sie die innere Bruchkante fest; verriegeln Sie die Naht am Anfang und am Ende.

3. Befestigen Sie eine Sicherheitsnadel an einem Ende des Gummibands.

4. Schieben Sie die Sicherheitsnadel von einer Seite in den Tunnel. **ABBILDUNG S**

5. Ziehen Sie das Gummiband ein Stück in den Tunnel ein. Steppen Sie das Ende auf der Einschubseite innerhalb der Nahtzugabe fest. Schieben Sie die Sicherheitsnadel weiter durch den Tunnel und am anderen Ende heraus. Arrangieren Sie die Fältchen. Steppen Sie das andere Ende des Gummibands fest. **ABBILDUNG T**

6. Kräuseln Sie die Unterkante der Tasche ein. Siehe Einkräuseln (Seite 17). **ABBILDUNG U**

7. Legen Sie die Innentasche links auf rechts auf die Futter-Rückseite. Stecken Sie die Unterkante am Anfang und Ende der Heftnaht fest. Kräuseln Sie die Innentasche durch Ziehen an einem Heftfaden ein, bis die beiden Unterkanten gleich lang sind. Arrangieren Sie die Fältchen und stecken Sie die Unterkante.

8. Passen Sie die Länge des Gummibands an das Futter an und stecken Sie die Seitenkanten ab.

9. Nähen Sie die Tasche auf das Futter; verriegeln Sie die Naht am Anfang und am Ende. Schneiden Sie das überstehende Gummiband ab.

10. Teilen Sie die Tasche in den gewünschten Abständen durch Stepplinien in Fächer ein. **ABBILDUNG V**

R

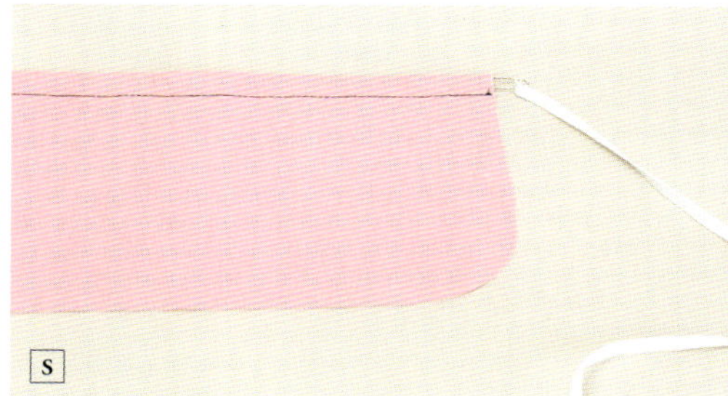
S

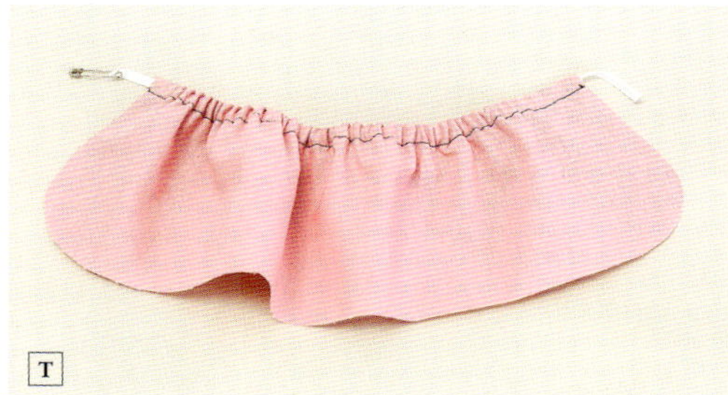
T

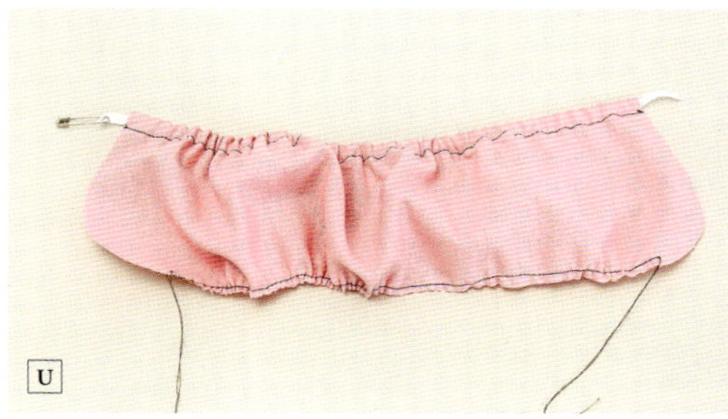
U

V

INNENTASCHE MIT REISSVERSCHLUSS

1. Markieren Sie nach dem Schnittmuster auf einem Taschenbeutel das Rechteck für den Reißverschluss, 2,5 cm unterhalb der Oberkante, 1 cm breit und 2,5 cm kürzer als der fertige Reißverschluss. Legen Sie den Taschenbeutel rechts auf rechts auf das Futterteil. Steppen Sie das Rechteck auf der Linie. **ABBILDUNG W**

2. Schneiden Sie das Rechteck längs in der Mitte und schräg zu den Ecken ein, siehe Markierung auf dem Schnittmuster. **ABBILDUNG X**

3. Ziehen Sie den Taschenbeutel nach links. **ABBILDUNG Y**

4. Bügeln Sie die Naht. Die rechte Futterseite sieht jetzt aus wie auf der Abbildung. **ABBILDUNG Z**

5. Legen Sie den Reißverschluss rechts auf links unter das Futter. Steppen Sie den Reißverschluss knappkantig unter das Futter; verriegeln Sie die Naht am Anfang und am Ende. **ABBILDUNG AA**

6. Legen Sie den anderen Taschenbeutel rechts auf rechts auf den ersten. Verstürzen Sie den Taschenbeutel 1 cm breit, ohne das Futterteil mitzufassen. **ABBILDUNG BB**

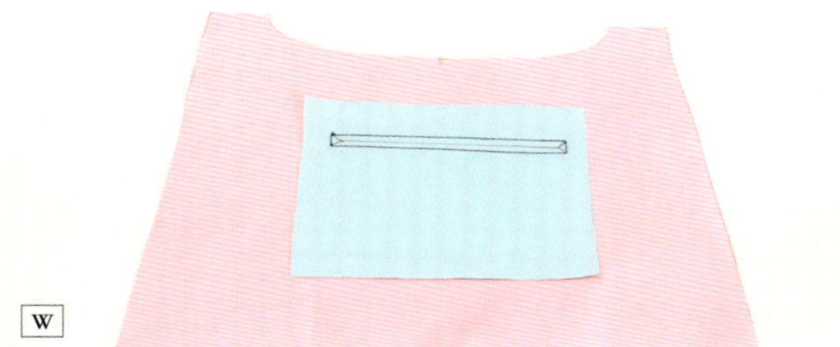

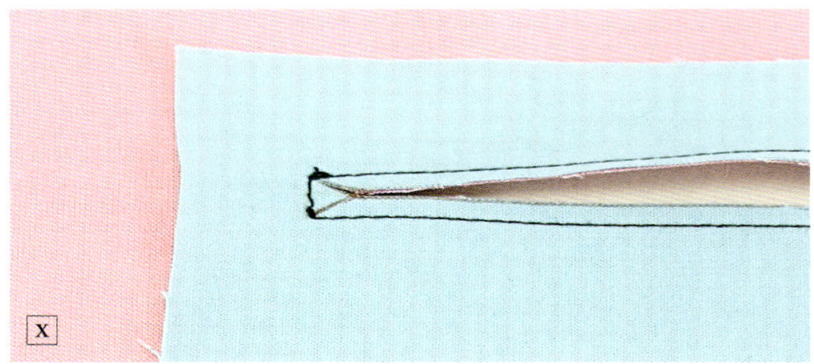

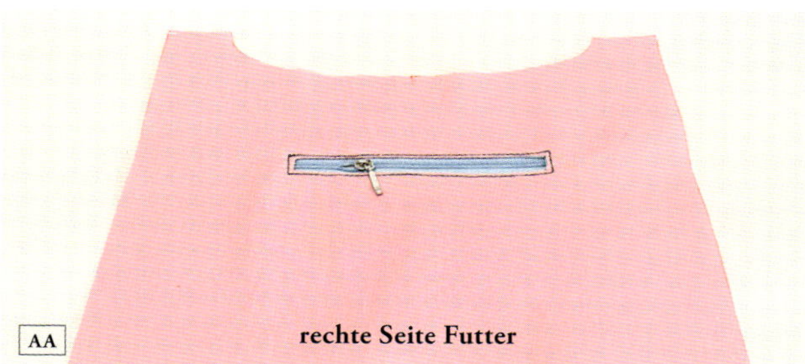

Paspel annähen

1. Nähen Sie das Paspelband mit den offenen Längskanten bündig an, lassen Sie dabei die ersten 2,5–5 cm lose.

2. Verriegeln Sie die Naht 7,5–10 cm vor dem Ende der Paspel.

3. Lassen Sie die Enden des Paspelbands etwa 2,5 cm überlappen und schneiden Sie das überstehende Paspelband ab.

4. Trennen Sie am zweiten Ende die Tunnelnaht einige Stiche auf und schneiden Sie etwa 1,3 cm Paspelschnur ab.

5. Schlagen Sie die kurze Kante 6 mm nach links um und falzen Sie den Bruch mit den Fingern. **ABBILDUNG CC**

6. Legen Sie das erste Paspelende auf das gefaltete zweite Ende. Stecken und schließen Sie die Naht. **ABBILDUNG DD**

CC

DD

Taschenbügel befestigen

1. Kleben Sie die Geldbörse in den Taschenbügel. Tragen Sie dazu zunächst Textilkleber auf die Stoffkante auf. **ABBILDUNG EE**

2. Streichen Sie außerdem Textilkleber in die Rille des Taschenbügels, von einem Scharnier zum anderen, allerdings nur so viel, dass kein Kleber über den Bügel hinausquellen kann. **ABBILDUNG FF**

3. Schieben Sie die Geldbörse nach und nach, bei den Scharnieren angefangen, mit einem spitzen Gegenstand in die Rille. Lassen Sie die Clipbörse etwa 20 Minuten trocknen oder bis der Taschenbügel fest sitzt. **ABBILDUNG GG**

4. Schieben Sie die Papierschnur mit einem spitzen Gegenstand in den Hohlraum zwischen Stoff und Bügel. **ABBILDUNG HH**

5. Drücken Sie den Bügel mit einer Anschlagzange zusammen. **ABBILDUNG II**

> **HINWEIS**
>
> Legen Sie Stoff zwischen Zange und Taschenbügel, damit keine Abdrücke im Taschenbügel entstehen. Verwenden Sie eine Flachzange, keine Spitzzange. Eine Spitzzange würde Dellen und Kratzer verursachen, anstatt den Bügel zusammenzudrücken.

Sie können die Clipbörse verwenden, sobald der Textilkleber vollständig getrocknet ist, in der Regel nach einem Tag.

EE

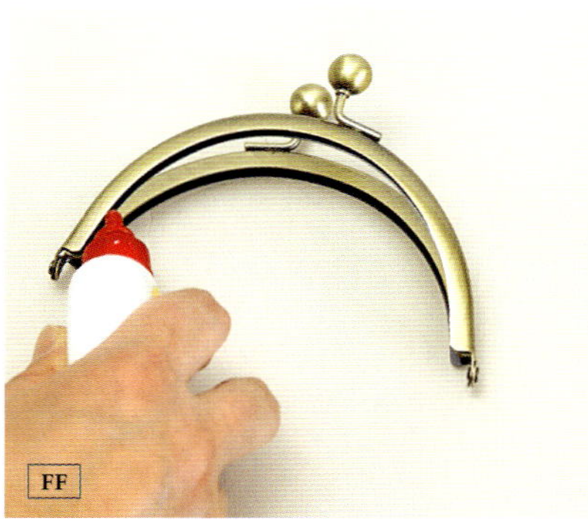
FF

GG

HH

II

Einkräuseln

1. Nähen Sie nach dem Schnittmuster innerhalb der Nahtzugabe von Hand oder mit der Nähmaschine zwei Reihen Heftstiche. Lassen Sie am Anfang und Ende der Naht längere Fadenenden stehen. **ABBILDUNG JJ**

2. Schieben Sie am Anfang und Ende der Heftnähte eine Stecknadel ein und wickeln Sie die Fadenenden auf einer Seite in einer Achterschleife um die Stecknadel. Ziehen Sie die Fäden auf der anderen Seite vorsichtig an und kräuseln Sie die Kante ein, bis die Länge des gekräuselten Stroffstücks dem Teil entspricht, auf das es genäht wird, oder der Angabe auf dem Schnittmuster. **ABBILDUNG KK**

3. Wickeln Sie diese Fäden in einer Achterschleife um die andere Stecknadel und verteilen Sie die Fältchen gleichmäßig.

Abnäher fertigen

1. Falten Sie die Abnäher in der Oberstoff-Vorderseite von links, die Abnäherlinien rechts auf rechts aufeinander. Stecken und schließen Sie die Abnäher auf der Linie; verriegeln Sie die Naht am Anfang und am Ende. **ABBILDUNG LL**

2. Bügeln Sie die Abnäher nach außen.

3. Fertigen Sie die Abnäher der Rückseite ebenso, bügeln Sie diese jedoch zur Mitte. **ABBILDUNG MM**

JJ

KK

LL

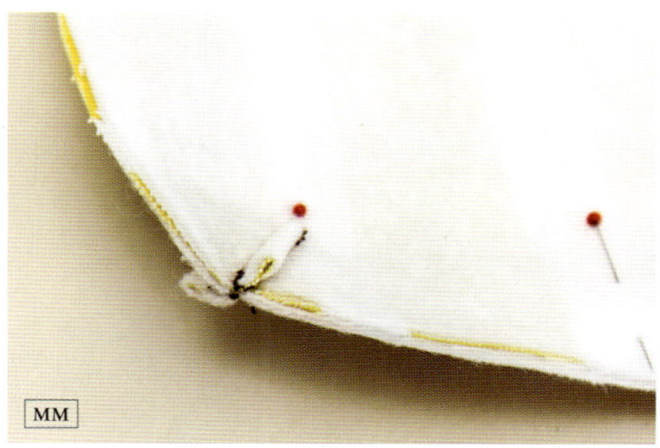
MM

Leder- oder Textilhenkel annähen

1. Legen Sie den Henkel an der gewünschten Position außen an der Tasche an. Nähen Sie den Henkel mit Vorstichen an; stechen Sie dazu beim ersten Loch aus, beim zweiten ein, beim dritten wieder aus und so weiter. **ABBILDUNG NN**

NN

2. Nähen Sie am Ende wieder zurück und arbeiten Sie versetzt ein zweites Mal Vorstiche ein, in die Lücken der ersten Vorstiche.
ABBILDUNG OO

OO

Band fertigen

BAND A

1. Falten Sie das Stoffstück links auf links längs auf die Hälfte und bügeln Sie den Bruch ein.
ABBILDUNG PP

PP

2. Falten Sie das Band auf, mit der linken Seite nach oben. Schlagen Sie die Längskanten zur gefalzten Mitte um und bügeln Sie die Brüche ein.
ABBILDUNG QQ

QQ

3. Falten Sie das Band wieder im ersten Bruch auf die Hälfte, bügeln und stecken Sie es. Steppen Sie die Kante mit zwei Brüchen schmalkantig ab.
ABBILDUNG RR

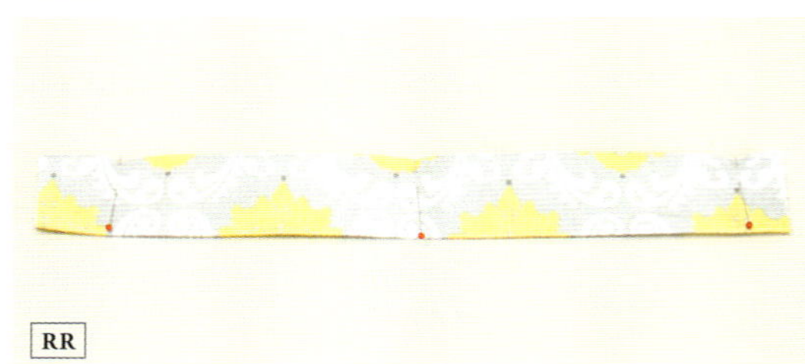
RR

BAND B

1. Bügeln Sie eine Querkante des Stoffstücks 1 cm um. **ABBILDUNG SS**

SS

2. Falten Sie den Stoff links auf links längs auf die Hälfte und bügeln Sie den Bruch ein.

3. Falten Sie das Band auf, mit der linken Seite nach oben. Schlagen Sie die Längskanten zur gefalzten Mitte um und bügeln Sie die Brüche ein.

4. Falten Sie das Band wieder im ersten Bruch auf die Hälfte und bügeln Sie es. Steppen Sie die Kante mit zwei Brüchen schmalkantig ab.

Gurtschieber aufziehen

1. Ziehen Sie einen D- oder O-Ring auf das Schlaufenband. Schlagen Sie das Band um und heften Sie es fest. **ABBILDUNG TT**

TT

2. Ziehen Sie den Gurtschieber auf das Riemenband. **ABBILDUNG UU**

UU

3. Ziehen Sie den Karabinerhaken am Riemenende auf. **ABBILDUNG VV**

VV

4. Schlagen Sie das Riemenende um und ziehen Sie es auf der Rückseite in den Gurtschieber ein. **ABBILDUNG WW**

WW

5. Schlagen Sie das Riemenende über dem Steg des Gurtschiebers um und nähen Sie es an die obere Riemenlage, nicht an die untere Lage, diese bleibt verschiebbar.

Zippertäschchen

Das besondere Merkmal dieses Sets Zippertäschchen ist das gekräuselte Hauptteil. Der Reißverschluss wird mit einer unkomplizierten Methode eingenäht. Die Kräuselung ist nicht nur hübsch, sondern auch nützlich, auf diese Weise bietet das Täschchen mehr Stauraum. Diese Täschchen begleiten Sie zuverlässig und bringen Ordnung in Ihre Handtasche. Sie können eine Schlaufe annähen und ein Handgelenktäschchen daraus machen.

Die drei Täschchen können Sie aus demselben Stoff oder aus drei verschiedenen Stoffen nähen – es gibt unendlich viele Möglichkeiten! Dieses Set ist außerdem ein ideales Geschenk.

FERTIGE GRÖSSEN

Groß: 34,5 cm breit × 12,5 cm hoch × 6,5 cm tief
Mittel: 30,5 cm breit × 10 cm hoch × 6,5 cm tief
Klein: 24 cm breit × 10 cm hoch × 6,5 cm tief

LEVEL

Einfach ❆❆

MATERIAL

Der Stoffverbrauch für 3 Taschen (eine von jeder Größe) bezieht sich auf 140 cm breiten Stoff und 90 cm breite Einlage. Der Stoffverbrauch in yard (0,91 m) für Stoffe von Sue Kim und andere Patchworkstoffe ist in Klammern angegeben und bezieht sich auf eine Stoffbreite von 42" (106,5 cm).

50 cm (¾ yard) Oberstoff

50 cm (¾ yard) Futterstoff

65 cm Bügeleinlage

25,5 cm Reißverschluss für großes Täschchen

23 cm Reißverschluss für mittleres Täschchen

18 cm Reißverschluss für kleines Täschchen

HINWEIS

- 1 cm Nahtzugabe ist im Schnitt enthalten.
- Verriegeln Sie bei allen Nähten Anfang und Ende.

ZUSCHNEIDEN

Schneiden Sie die unten aufgeführten Teile aus Oberstoff, Futterstoff und Bügeleinlage zu.

Großes Zippertäschchen

Oberstoff

- 2 × Bund: 26 cm × 5,5 cm
- 2 × Hauptteil: 48,5 cm × 16 cm
- 1 × Handgelenkschlaufe: 48,5 cm × 4,5 cm *(optional)*

Futterstoff

- 2 × Bund: 26 cm × 5,5 cm
- 2 × Hauptteil: 48,5 cm × 16 cm

Bügeleinlage

- 2 × Bund: 26 cm × 5,5 cm
- 2 × Hauptteil: 48,5 cm × 16 cm

Markieren und schneiden Sie die Rundungen bei allen Hauptteilen für das große Zippertäschchen wie in der Zeichnung unten dargestellt. Verwenden Sie das Schnittmuster Zippertäschchen, Rundung großes Täschchen (Schnittmusterbogen, Seite 1).

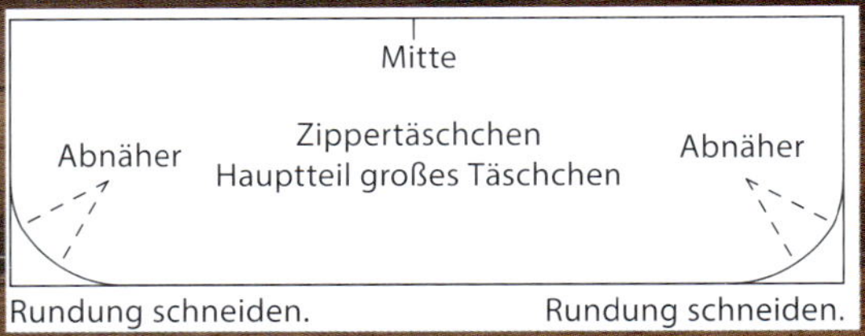

Mittleres Zippertäschchen

Oberstoff

- 2 × Bund: 25 cm × 4,5 cm
- 2 × Hauptteil: 45,5 cm × 12,5 cm
- 1 × Handgelenkschlaufe: 48,5 cm × 4,5 cm *(optional)*

Futterstoff

- 2 × Bund: 25 cm × 4,5 cm
- 2 × Hauptteil: 4,5 cm × 12,5 cm

Bügeleinlage

- 2 × Bund: 25 cm × 4,5 cm
- 2 × Hauptteil: 45,5 cm × 12,5 cm

Markieren und schneiden Sie die Rundungen bei allen Hauptteilen für das mittlere Zippertäschchen wie in der Zeichnung unten dargestellt. Verwenden Sie das Schnittmuster Zippertäschchen, Rundung mittleres Täschchen (Schnittmusterbogen, Seite 1).

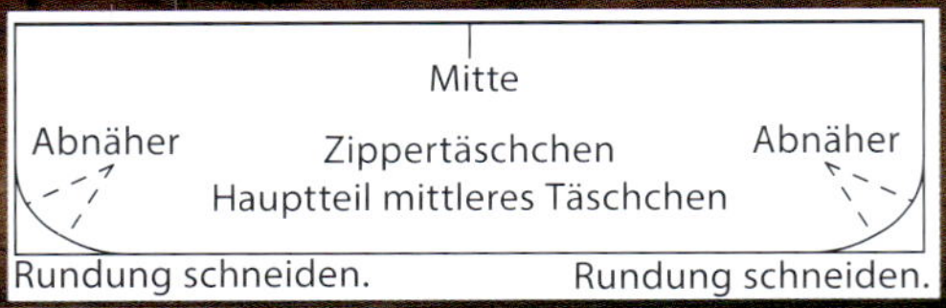

Kleines Zippertäschchen

Oberstoff

- 2 × Bund: 19,5 cm × 4,5 cm
- 2 × Hauptteil: 37,5 cm × 12,5 cm
- 1 × Handgelenkschlaufe: 38 cm × 4,5 cm *(optional)*

Futterstoff

- 2 × Bund: 19,5 cm × 4,5 cm
- 2 × Hauptteil: 37,5 cm × 12,5

Bügeleinlage

- 2 × Bund: 19,5 cm × 4,5 cm
- 2 × Hauptteil: 37,5 cm × 12,5 cm

Markieren und schneiden Sie die Rundungen bei allen Hauptteilen für das kleine Zippertäschchen wie in der Zeichnung unten dargestellt. Verwenden Sie das Schnittmuster Zippertäschchen, Rundung kleines Täschchen (Schnittmusterbogen, Seite 1).

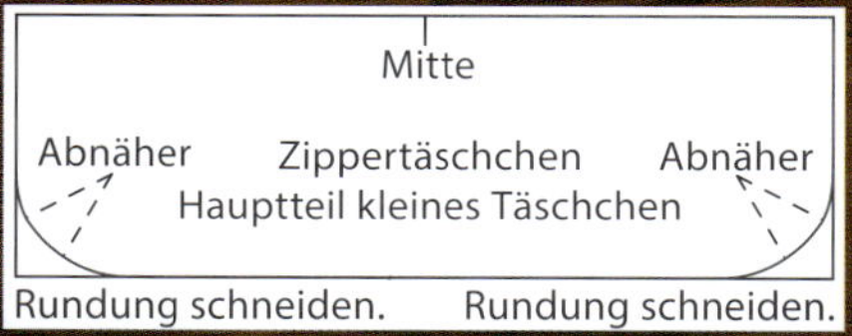

Vorder- und Rückseite fertigen

1. Bügeln Sie die Einlage auf die linke Seite der Futterteile.

2. Nähen Sie die Abnäher in den unteren Rundungen der Oberstoff-Hauptteile. Siehe Abnäher fertigen (Seite 17). Bügeln Sie die Abnäher in der Vorderseite zur Mitte. Bügeln Sie die Abnäher in der Rückseite nach außen.

3. Kräuseln Sie bei den Hauptteilen die gerade Oberkante ein. Siehe Einkräuseln (Seite 17). **ABBILDUNG A**

4. Legen Sie jeweils ein Hauptteil und ein Bundteil rechts auf rechts aufeinander. Nähen Sie die beiden Teilepaare aneinander und bügeln Sie die Nahtzugaben zum Bund. **ABBILDUNG B**

5. Steppen Sie die Nähte schmalkantig ab. **ABBILDUNG C**

6. Wiederholen Sie Schritte 2–5 mit den Futterteilen.

A

B

C

Handgelenkschlaufe annähen

1. Fertigen Sie das Schlaufenband. Siehe Band A (Seite 18).

2. Falten Sie das Band auf die Hälfte. Legen Sie die Schlaufe an der linken Bundkante an und heften Sie es fest. **ABBILDUNG D**

D

Reißverschluss einnähen

1. Schließen Sie den Reißverschluss und legen Sie ihn rechts auf rechts auf einen Oberstoff-Bund. Die linke Reißverschlussseite ist zu sehen. Stecken Sie den Reißverschluss an den Bund. Nähen Sie den Reißverschluss füßchenbreit neben den Zähnchen mit einem Reißverschlussfuß an den Bund. Verriegeln Sie die Naht. **ABBILDUNG E**

2. Legen Sie das Futterteil rechts auf rechts auf das Oberstoffteil mit Reißverschluss. Der Reißverschluss liegt jetzt zwischen Oberstoff und Futter.

3. Stecken und steppen Sie die drei Lagen in der vorherigen Naht. **ABBILDUNG F**

4. Schlagen Sie das Futter nach links um und bügeln Sie die Naht. Steppen Sie die Naht von rechts durch alle Lagen knappkantig ab.

5. Wiederholen Sie die Schritte 1–4 mit dem anderen Oberstoffteil und Futterteil. **ABBILDUNG G**

E

F

G

Oberstoff und Futter verstürzen

1. Kräuseln Sie die Oberstoff-Unterkanten des großen Täschchens auf 40,5 cm, die des mittleren auf 38 cm und die des kleinen auf 30,5 cm ein. **ABBILDUNG H**

2. Wiederholen Sie Schritt 1 mit den Futterunterkanten.

3. Legen Sie jeweils die Oberstoffteile und die Futterteile rechts auf rechts bündig. Ziehen Sie den Reißverschluss vor dem Verstürzen auf. Wenn der Reißverschluss geschlossen ist, lässt sich das Täschchen nur schwer wenden. Stecken und verstürzen Sie die Naht rundherum. Steppen Sie vorsichtig über die Reißverschlusszähnchen. Lassen Sie die Naht zum Wenden an der Futterunterkante 10 cm offen. Verriegeln Sie die Nähte am Anfang und Ende. **ABBILDUNG I**

4. Kerben Sie die Nahtzugabe an den Rundungen ein und schneiden Sie die Nahtzugabe an der Reißverschlussnaht zurück. **ABBILDUNG J**

5. Wenden Sie das Täschchen durch die Öffnung im Futter. Arbeiten Sie die Rundungen mit einem Nahtausstreicher heraus. Schließen Sie die Wendeöffnung. Bügeln Sie das Täschchen.

Bügeltasche und Clipbörse Madison

Möchten Sie ein professionell aussehendes Geschenk herstellen? Die Bügeltasche mit Clipbörse ist das ideale Projekt! Der Taschenbügel sorgt dafür, dass keine Münzen herausfallen, so sehr die Bügeltasche auch herumgeschleudert wird. Es ist also ein sehr praktisches Geschenk. Die Falten schaffen zusätzlichen Platz für Schlüssel, Kleingeld und Kosmetika. Probieren Sie das Befestigen von Taschenbügeln bei diesem einfachen Projekt aus.

FERTIGE GRÖSSEN

Bügeltasche: 25,5 cm breit × 9,5 cm hoch × 4 cm tief

Clipbörse: 15,5 cm breit × 12 cm hoch

LEVEL

sehr einfach ❁

MATERIAL

Der Stoffverbrauch für Bügeltasche und Clipbörse bezieht sich auf 140 cm breiten Stoff und 90 cm breite Einlage. Der Stoffverbrauch in yard (0,91 m) für Stoffe von Sue Kim und andere Patchworkstoffe ist in Klammern angegeben und bezieht sich auf eine Stoffbreite von 42" (106,5 cm).

20 cm (⅜ yard) Oberstoff

20 cm (⅜ yard) Futterstoff

35 cm Bügeleinlage

Taschenbügel für Clipbörse, gebogen, 13 cm × 6,5 cm

Taschenbügel für Bügeltasche, eckig oder gebogen, 20 cm × 7,5 cm

Anschlagzange

Textilkleber

Papierschnur, 1 m

Lederetikett (*optional*)

Anstecksträußchen (*optional*)

HINWEIS

- 1 cm Nahtzugabe ist im Schnitt enthalten.
- Verriegeln Sie bei allen Nähten Anfang und Ende.

ZUSCHNEIDEN

Kopieren Sie das Schnittmuster direkt auf die linke Seite des einlagigen Stoffs. Übertragen Sie alle Punkte und Markierungen. Schneiden Sie Oberstoff, Futterstoff und Bügeleinlage zu.

Bügeltasche

Verwenden Sie die Schnittmuster Bügeltasche Madison, Oberstoff Vorder-/Rückseite und Futterstoff Vorder-/Rückseite (Schnittmusterbogen, Seite 1 und Seite 2).

Oberstoff

- 2 × Vorder-/Rückseite

Futterstoff

- 2 × Vorder-/Rückseite

Bügeleinlage

- 2 × Vorder-/Rückseite

Clipbörse

Verwenden Sie das Schnittmuster Clipbörse Madison, Vorder-/Rückseite (Schnittmusterbogen, Seite 2).

Oberstoff

- 2 × Vorder-/Rückseite

Futterstoff

- 2 × Vorder-/Rückseite

Bügeleinlage

- 2 × Vorder-/Rückseite

Oberstoff und Futter nähen

Überspringen Sie bei der Clipbörse das Faltenlegen.

1. Bügeln Sie die Einlage nach den Herstellerangaben auf die linke Seite der Futterteile.

2. Legen und stecken Sie die Falten im Oberstoffteil von rechts. Legen Sie dabei jeweils die Bruchlinie auf die Anlegelinie, siehe Schnittmuster. Fixieren Sie die Falten mit einer Naht. **ABBILDUNG A**

3. Stecken und verstürzen Sie die Oberstofftasche rechts auf rechts von Punkt A über die Unterkante zum anderen Punkt A. **ABBILDUNG B**

4. Schneiden Sie die Ecken zurück. **ABBILDUNG C**

5. Wiederholen Sie die Schritte 3 und 4 mit den Futterteilen und lassen Sie eine Wendeöffnung. **ABBILDUNG D**

A

B

C

D

Oberstoff und Futter verstürzen

1. Wenden Sie die Oberstofftasche. Schieben Sie die Oberstofftasche rechts auf rechts in die Futtertasche. **ABBILDUNG E**

2. Stecken Sie Oberstoff und Futter an der Eingriffkante der Vorderseite zusammen. Verstürzen Sie die Vorderseite von Punkt A über die Oberkante zum zweiten Punkt A. Drehen Sie die Bügeltasche um und verstürzen Sie die Rückseite ebenso. **ABBILDUNG F**

3. Kerben Sie die Nahtzugabe an den Rundungen ein. **ABBILDUNG G**

4. Wenden Sie die Bügeltasche. Schließen Sie die Wendeöffnung im Futter.

5. Bügeln Sie die Eingriffkante. Steppen Sie die Kante schmalkantig breit ab. **ABBILDUNG H**

6. Befestigen Sie den Taschenbügel an der Bügeltasche. Siehe Taschenbügel befestigen (Seite 16).

7. Nähen Sie, falls gewünscht, das Ansteckstäußchen oder das Etikett mit ein paar Handstichen an der Tasche fest.

E

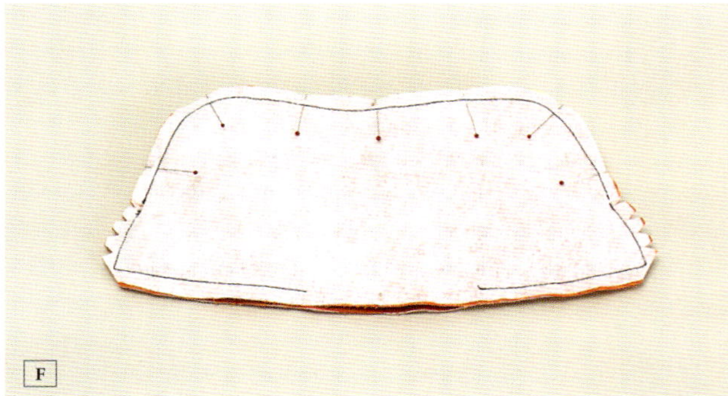
F

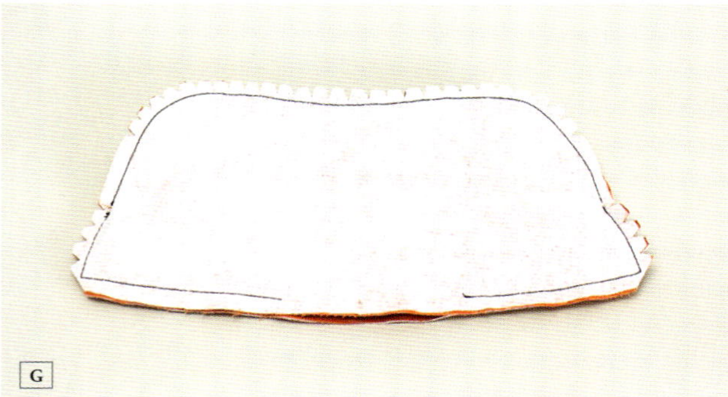
G

H

Clutch Jayleen

Diese einfache Clutch ist klassisch und modern. Stellen Sie mehrere aus verschiedenen Stoffen her, passend zu Jeans und T-Shirt, zu formeller Kleidung und zu einem Abendkleid. Schlichter wirkt die Clutch ohne die Schleife.

FERTIGE GRÖSSEN

Groß: 33 cm × 16,5 cm hoch × 4,5 cm tief
Klein: 17 cm breit × 11 cm hoch × 4 cm tief

LEVEL sehr einfach ❆

MATERIAL

Der Stoffverbrauch bezieht sich auf 140 cm breiten Stoff und 90 cm breite Einlage. Der Stoffverbrauch in yard (0,91 m) für Stoffe von Sue Kim und andere Patchworkstoffe ist in Klammern angegeben und bezieht sich auf eine Stoffbreite von 42" (106,5 cm).

Große Clutch

65 cm (1 yard) Oberstoff (mit kontrastfarbiger Schleife: 40 cm (½ yard) für Clutch, 25 cm (½ yard) für Schleife)

25 cm (½ yard) Futterstoff

40 cm Bügeleinlage

18 cm Reißverschluss für Innentasche

Magnetverschluss, 18 mm

HINWEIS

- 1 cm Nahtzugabe ist im Schnitt enthalten.
- Verriegeln Sie bei allen Nähten Anfang und Ende.

ZUSCHNEIDEN

Große Clutch

Übertragen Sie alle Punkte und Markierungen auf den Stoff. Schneiden Sie Oberstoff, Futterstoff und Bügeleinlage zu.

Oberstoff

- 2 × Vorder-/Rückseite: 39 cm × 19,5 cm
- 1 × Deckel: 38 cm × 21 cm
- 2 × untere Schleife: 39 cm × 16 cm
- 2 × obere Schleife: 35,5 cm × 18 cm
- 2 × Band: 11 cm × 22 cm

Futterstoff

- 2 × Vorder-/Rückseite: 39 cm × 19,5 cm
- 1 × Deckel: 38 cm × 21 cm
- 2 × Taschenbeutel für Innentasche mit Reißverschluss: 18 cm × 11,5 cm

Bügeleinlage

- 2 × Vorder-/Rückseite: 39 cm × 19,5 cm
- 1 × Deckel: 38 cm × 21 cm

Markieren und schneiden Sie die beiden Rundungen der großen Vorder- und Rückseite wie in der Zeichnung unten dargestellt. Verwenden Sie das Schnittmuster Clutch Jayleen, Rundung große Vorder-/Rückseite (Schnittmusterbogen, Seite 1).

Markieren und schneiden Sie die beiden Rundungen des großen Deckels wie in der Zeichnung unten dargestellt. Verwenden Sie das Schnittmuster Clutch Jayleen, Rundung großer Deckel (Schnittmusterbogen, Seite 1).

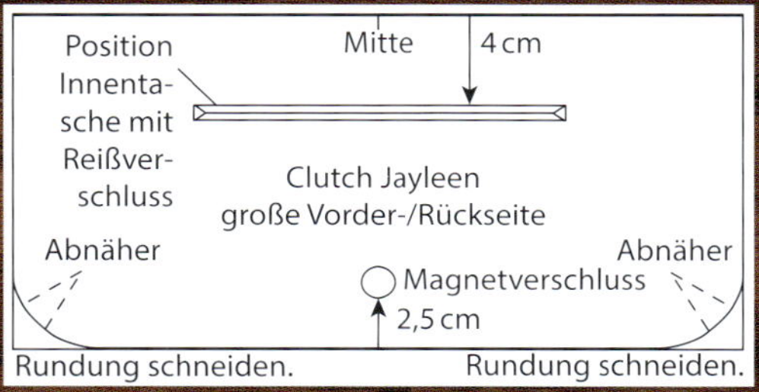

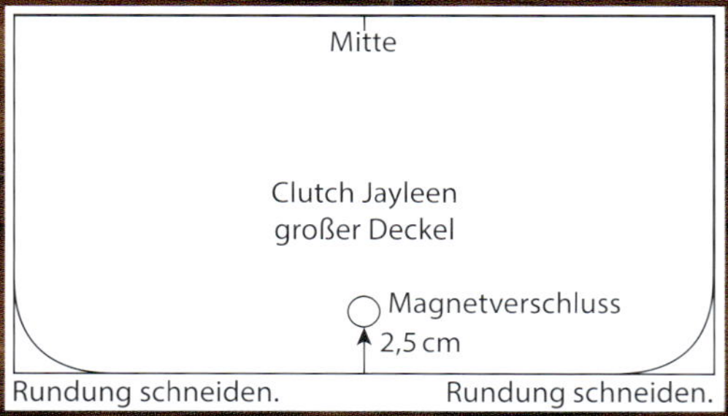

MATERIAL

Der Stoffverbrauch bezieht sich auf 140 cm breiten Stoff und 90 m breite Einlage. Der Stoffverbrauch in yard (0,91 m) für Stoffe von Sue Kim und andere Patchworkstoffe ist in Klammern angegeben und bezieht sich auf eine Stoffbreite von 42" (106,5 cm).

Kleine Clutch

20 cm (¼ yard) Oberstoff

20 cm (¼ yard) Futterstoff

20 cm Bügeleinlage

14 mm Magnetverschluss

Leder- oder Textiletikett (*optional*)

HINWEIS

- 1 cm Nahtzugabe ist im Schnitt enthalten.
- Verriegeln Sie bei allen Nähten Anfang und Ende.

ZUSCHNEIDEN

Kleine Clutch

Übertragen Sie alle Punkte und Markierungen auf den Stoff. Schneiden Sie Oberstoff, Futterstoff und Bügeleinlage zu.

Oberstoff

- 2 × Vorder-/Rückseite: 21 cm × 14 cm
- 1 × Deckel: 20,5 cm × 15 cm

Futterstoff

- 2 × Vorder-/Rückseite: 21 cm × 14 cm
- 1 × Deckel: 20,5 cm × 15 cm

Bügeleinlage

- 2 × Vorder-/Rückseite: 21 cm × 14 cm
- 1 × Deckel: 20,5 cm × 15 cm

Markieren und schneiden Sie die beiden Rundungen der kleinen Vorder- und Rückseite wie in der Zeichnung unten dargestellt. Verwenden Sie das Schnittmuster Clutch Jayleen, Rundung kleine Vorder-/Rückseite (Schnittmusterbogen, Seite 1).

Markieren und schneiden Sie die beiden Rundungen des kleinen Deckels wie in der Zeichnung unten dargestellt. Verwenden Sie das Schnittmuster Clutch Jayleen, Rundung kleiner Deckel (Schnittmusterbogen, Seite 1).

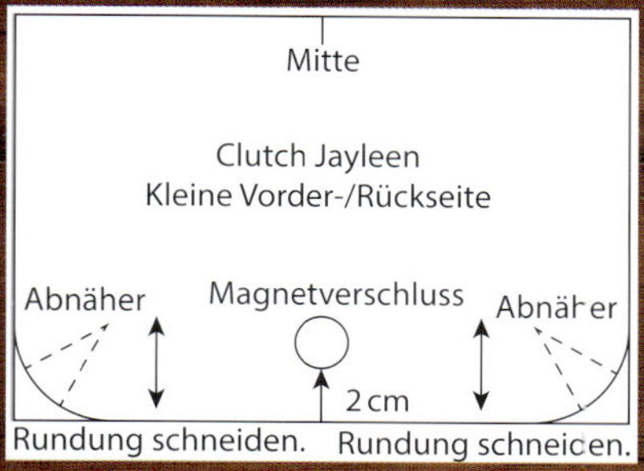

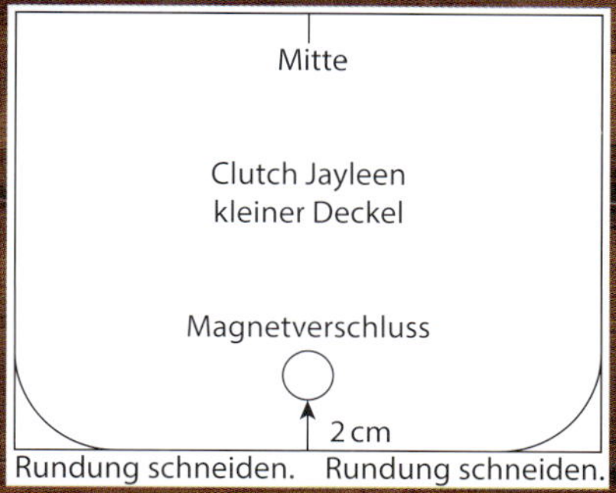

Innentasche mit Reißverschluss fertigen

1. Bügeln Sie die Einlage nach den Herstellerangaben auf die linke Seite des Futterteils.

2. Arbeiten Sie die Innentasche ein. Siehe Innentasche mit Reißverschluss (Seite 14). **ABBILDUNG A**

Schleife fertigen

Nur die große Clutch besitzt eine Schleife.

1. Verstürzen Sie die beiden Teile der unteren Schleife rechts auf rechts an den langen Kanten. Verstürzen Sie das Band ebenso. **ABBILDUNG B**

2. Wenden Sie die untere Schleife und das Band durch eine offene Seite. Bügeln Sie die Teile und steppen Sie die Nähte schmalkantig breit ab. **ABBILDUNG C**

3. Stecken und verstürzen Sie die obere Schleife rundherum und lassen Sie eine Wendeöffnung. Schneiden Sie die Ecken zurück. **ABBILDUNG D**

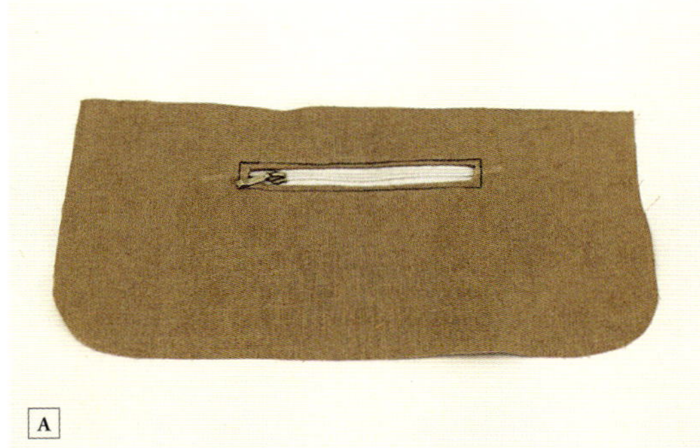

4. Wenden Sie die obere Schleife durch die Nahtöffnung. Bügeln und steppen Sie alle vier Kanten schmalkantig breit ab. Drehen Sie die Schleife dabei an den Ecken. Legen Sie die obere Schleife mittig auf die untere. Nähen Sie mittig durch beide Schleifen eine Heftnaht. Ziehen Sie den Faden auf einer Seite an und kräuseln Sie die Mitte auf 9 cm ein. **ABBILDUNG E**

5. Falten Sie das Band auf die Hälfte und verstürzen Sie die kurzen Kanten. Wenden Sie das Band. **ABBILDUNG F**

6. Ziehen Sie das Band über die untere und obere Schleife, bis die Heftnaht bedeckt ist. Nähen Sie das Band auf der Rückseite der unteren Schleife mit der Hand fest. **ABBILDUNG G**

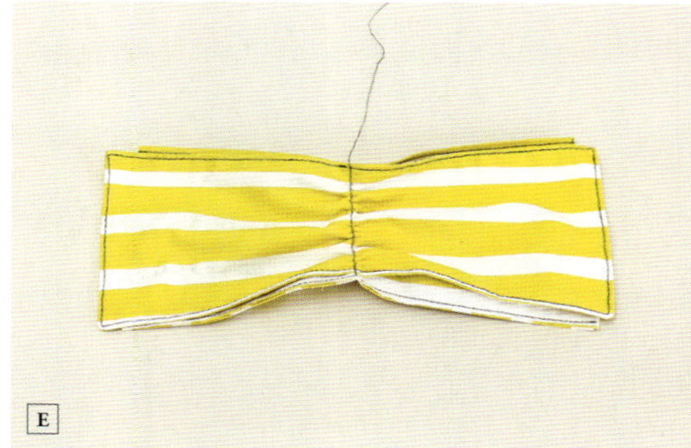

Oberstoff und Futter nähen

1. Setzen Sie den Magnetverschluss in die Oberstoff-Vorderseite und den Futter-Deckel ein. Siehe Magnetverschluss einsetzen (Seite 9).

2. Stecken und nähen Sie die Abnäher in Oberstoff-Vorderseite und Oberstoff-Rückseite. Siehe Abnäher fertigen (Seite 17).

3. Stecken und verstürzen Sie die Oberstoff-Clutch U-förmig, rechts auf rechts. **ABBILDUNG H**

4. Kerben Sie die Nahtzugabe an den Rundungen ein. Wenden Sie die Oberstoff-Clutch. **ABBILDUNG I**

5. Fertigen Sie das Futter mit den Schritten 2–4 an und lassen Sie an der Unterkante eine Wendeöffnung.

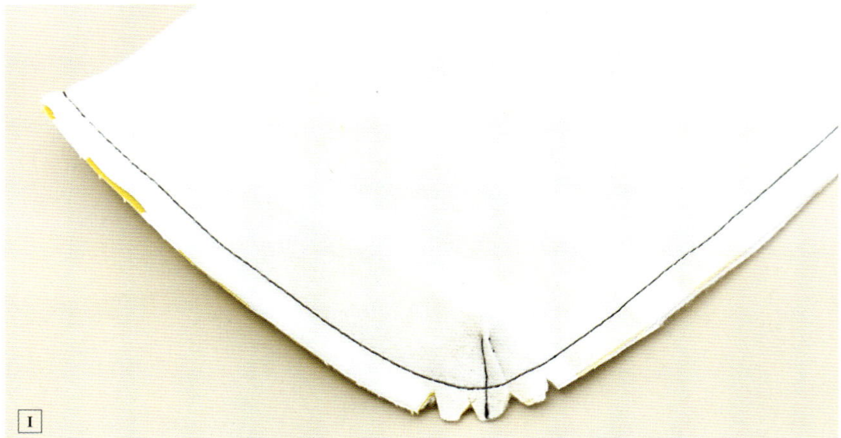

Deckel nähen

1. Heften Sie die unteren Kanten der fertigen Schleife rechts und links an den Oberstoff-Deckel. Nähen Sie die Rückseite des Schleifenbands mit der Hand an den Deckel. **ABBILDUNG J**

2. Legen Sie den Futter-Deckel rechts auf rechts auf den Oberstoff-Deckel. Stecken und verstürzen Sie den Deckel. Fassen Sie dabei die obere Schleife nicht mit und lassen Sie die Oberkante offen. **ABBILDUNG K**

3. Kerben Sie die Nahtzugabe an den Rundungen ein und wenden Sie den Deckel. Bügeln Sie den Deckel und steppen Sie die Kanten füßchenbreit ab.

4. Schlagen Sie die Kanten der oberen Schleife zur Mitte. **ABBILDUNG L**

5. Legen Sie den Deckel rechts auf rechts auf die Oberstoff-Rückseite, mit den Mittelmarkierungen bündig. Stecken und heften Sie den Deckel an die Tasche. **ABBILDUNG M**

J

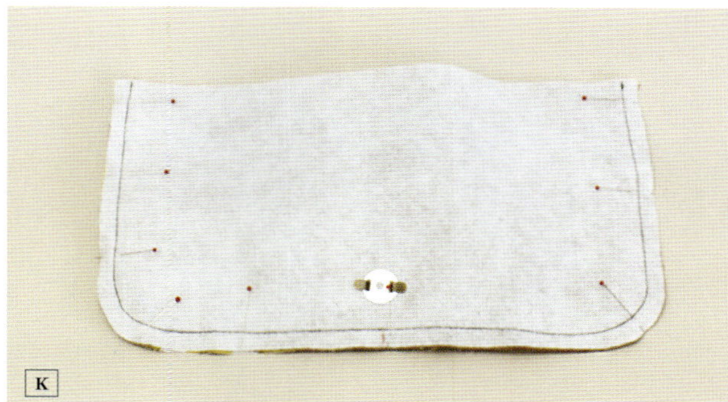

K

L

M

Oberstoff und Futter verstürzen

1. Bügeln Sie bei Oberstoff und Futter die Seitennähte auseinander. Schieben Sie den Oberstoff rechts auf rechts in das Futter, der Deckel liegt zwischen den beiden Teilen. **ABBILDUNG N**

2. Legen Sie die Seitennähte bündig. Stecken Sie Oberstoff und Futter aneinander und verstürzen Sie die Eingriffkante. **ABBILDUNG O**

3. Kerben Sie die Nahtzugabe an den oberen Ecken ein. **ABBILDUNG P**

4. Wenden Sie die Clutch durch die Nahtöffnung und schließen Sie die Wendeöffnung.

5. Schieben Sie das Futter in den Oberstoff. Bügeln Sie die Eingriffkante der Clutch und steppen Sie Eingriffkante und Deckelkante schmalkantig breit ab. **ABBILDUNG Q**

N

O

P

Q

Clutch Jayleen

Clutch Evelyn

Diese Clutch ist ein echter Hingucker. Entscheidend ist die richtige Zusammenstellung von Paspelband und Oberstoff. Die unkomplizierten Abnäher machen die Clutch geräumig.

FERTIGE GRÖSSE 29 cm breit × 14 cm hoch × 4 cm tief

LEVEL Einfach ❁ ❁

MATERIAL

Der Stoffverbrauch bezieht sich auf 140 cm breiten Stoff und 90 cm breite Einlage. Der Stoffverbrauch in yard (0,91 m) für Stoffe von Sue Kim und andere Patchworkstoffe ist in Klammern angegeben und bezieht sich auf eine Stoffbreite von 42" (106,5 cm).

20 cm (⅜ yard) Oberstoff

50 cm (½ yard) passender Stoff für Paspel und Verschlusslasche *(Lasche ist optional)*

25 cm (½ yard) Futterstoff

40 cm (¾ yard) Bügeleinlage

Magnetverschluss, 18 mm

18 cm Reißverschluss für Innentasche

Schnalle mit 5 cm Innenbreite *(für Lasche)* oder Drehverschluss

70 cm Schnur für Paspel, 3 mm breit

HINWEIS

- 1 cm Nahtzugabe ist im Schnitt enthalten.
- Verriegeln Sie bei allen Nähten Anfang und Ende.

ZUSCHNEIDEN

Verwenden Sie die Schnittmuster Clutch Evelyn, Vorder-/Rückseite und Deckel (Schnittmusterbogen, Seite 2).

Kopieren Sie das Schnittmuster direkt auf die linke Seite des einlagigen Stoffs. Übertragen Sie alle Punkte und Markierungen. Schneiden Sie Oberstoff, Futterstoff und Bügeleinlage zu.

Oberstoff

- 2 × Vorder-/Rückseite
- 1 × Deckel

Passender Oberstoff

- 2 × Verschlusslasche: 8,5 cm × 19,5 cm (*optional*)
- 1 Schrägband für Paspel: 4 cm × 61 cm

Futterstoff

- 2 × Vorder-/Rückseite
- 1 × Deckel
- 2 × Taschenbeutel für Innentasche mit Reißverschluss: 18 cm × 10 cm

Bügeleinlage

- 2 × Vorder-/Rückseite
- 1 × Deckel

Oberstoff und Futter nähen

1. Bügeln Sie die Einlage nach den Herstellerangaben auf die linke Seite von Oberstoff-Vorderseite und Oberstoff-Rückseite.

2. Setzen Sie ein Magnetteil in die Oberstoff-Vorderseite ein. Siehe Magnetverschluss einsetzen (Seite 9).

3. Nähen Sie die Abnäher. Siehe Abnäher fertigen (Seite 17).

4. Legen Sie die Oberstoff-Vorderseite rechts auf rechts auf die Oberstoff-Rückseite. Die Abnäher von Vorder- und Rückseite sind in entgegengesetzte Richtung gelegt.

5. Stecken und verstürzen Sie die Oberstoff-Clutch mit einer 1 cm breiten Naht. Verriegeln Sie die Naht am Anfang und am Ende. **ABBILDUNG A**

6. Kerben Sie die Nahtzugabe an den Rundungen ein. Wenden Sie die Oberstoff-Clutch. **ABBILDUNG B**

7. Nähen Sie die Innentasche mit Reißverschluss in die Futterrückseite ein. Siehe Innentasche mit Reißverschluss (Seite 14).

8. Wiederholen Sie die Schritte 3–6 mit dem Futter und lassen Sie eine 10 cm lange Wendeöffnung.

Paspel fertigen

1. Legen Sie die 3 mm breite Schnur mittig auf die linke Seite des Schrägbands.

2. Schlagen Sie das Band um die Schnur auf die Hälfte.

3. Nähen Sie den Paspeltunnel füßchenbreit ab; dehnen Sie das Schrägband dabei nicht aus.

Deckel fertigen

1. Legen Sie die Laschenteile rechts auf rechts aufeinander. Stecken Sie die Lasche, lassen Sie die Oberkante zum Wenden offen. Verstürzen Sie die Lasche und schneiden Sie die Nahtzugabe an den Ecken zurück. **ABBILDUNG C**

2. Wenden Sie die Verschlusslasche. Bügeln Sie die Lasche und steppen Sie die Kanten füßchenbreit breit ab. **ABBILDUNG D**

3. Legen Sie das Paspelband rechts auf rechts auf den Deckel. Stecken Sie das Band zunächst in der Mitte und an den Enden fest.

4. Stecken Sie das restliche Band fest, schneiden Sie die Nahtzugabe des Paspelbands gegebenenfalls ein. Steppen Sie die Paspel füßchenbreit an den Deckel. **ABBILDUNG E**

5. Bügeln Sie die Einlage nach den Herstellerangaben auf die linke Seite des Futter-Deckels. Setzen Sie das zweite Magnetteil in den Futter-Deckel ein. Siehe Magnetverschluss einsetzen (Seite 9).

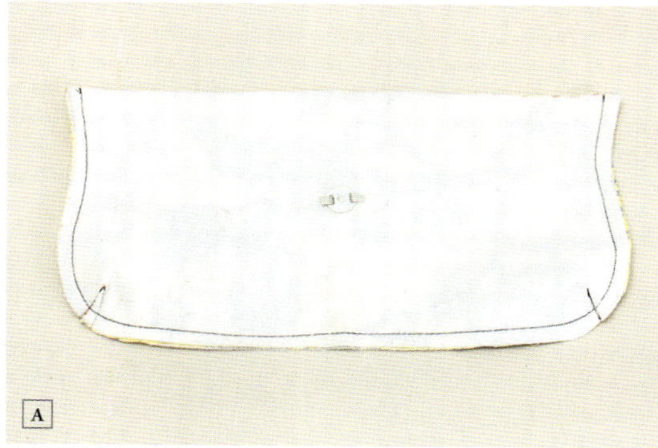
A

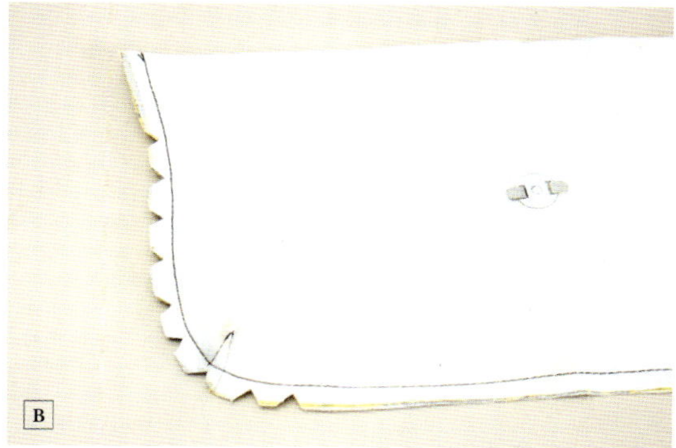
B

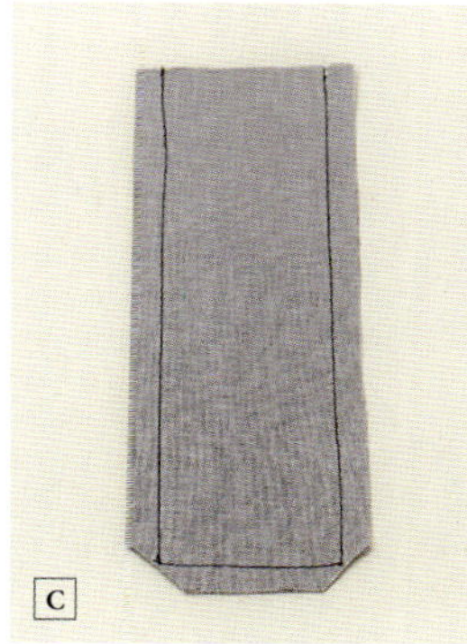
C

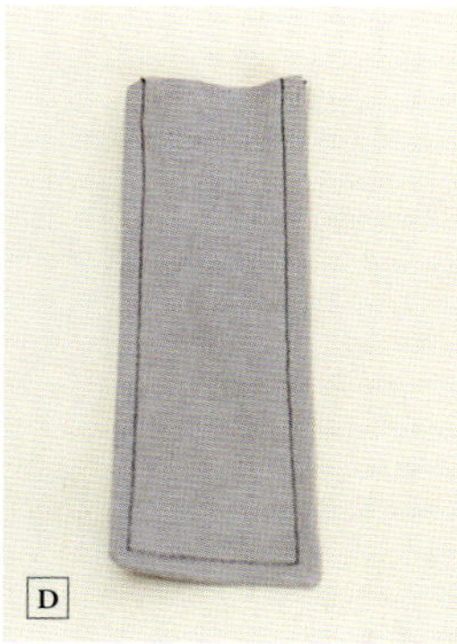
D

E

6. Legen Sie den Futter-Deckel rechts auf rechts auf den Oberstoff-Deckel. Stecken und verstürzen Sie die gebogene Kante 1 cm breit; lassen Sie die gerade Kante offen. **ABBILDUNG F**

7. Kerben Sie die Nahtzugabe an den Rundungen ein. **ABBILDUNG G**

8. Wenden Sie den Deckel. Bügeln Sie den Deckel und steppen Sie die Kante 3 mm neben der Paspelnaht ab.

9. Legen und stecken Sie die Lasche mittig auf den Deckel. **ABBILDUNG H**

10. Legen Sie den Deckel rechts auf rechts auf die Rückseite, mittig und mit den offenen Kanten bündig. Stecken und heften Sie die offenen Kanten. **ABBILDUNG I**

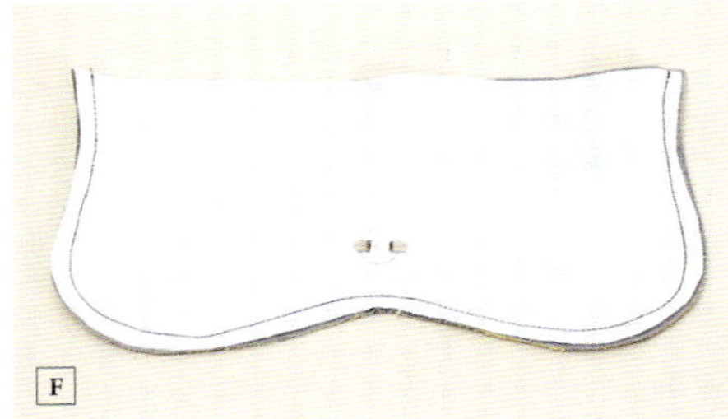
F

G

H

I

Oberstoff und Futter verstürzen

1. Schieben Sie die Oberstofftasche rechts auf rechts in die Futtertasche. Deckel und Lasche liegen dabei zwischen Futter und Oberstoff. **ABBILDUNG J**

2. Stecken Sie Oberstoff und Futter an der Eingriffkante aneinander.

3. Verstürzen Sie die Eingriffkante. Kerben Sie die Nahtzugabe an den Seitennähten ein.

4. Wenden Sie die Clutch durch die Nahtöffnung. Schließen Sie die Wendeöffnung. Schieben Sie das Futter in den Oberstoff. Bügeln Sie die Eingriffkante der Clutch. Steppen Sie die Eingriffkante schmalkantig ab.

5. Ziehen Sie die Schnalle auf die Lasche.

6. Nähen Sie die Rückseite der Verschlusslasche mit der Hand an den Deckel.

J

Handtasche Julianna

Diese Handtasche ist raffiniert und mit ihren Rundungen so konstruiert, dass sie leicht zu nähen ist. Die Riemenlänge können Sie selbst bestimmen. Als Schultertasche hat sie genau die richtige Größe, um sie unter den Arm zu klemmen. Die Abnäher im Hauptteil bieten viel Stauraum.

FERTIGE GRÖSSE 30 cm breit × 18 cm hoch × 7 cm tief

LEVEL sehr einfach ❄

MATERIALS

Der Stoffverbrauch bezieht sich auf 140 cm breiten Stoff und 90 cm breite Einlage. Der Stoffverbrauch in yard (0,91 m) für Stoffe von Sue Kim und andere Patchworkstoffe ist in Klammern angegeben und bezieht sich auf eine Stoffbreite von 42" (106,5 cm).

50 cm (½ yard) Oberstoff

30 cm (⅞ yard) Futterstoff

45 cm (¾ yard) Bügeleinlage

Magnetverschluss, 18 mm

Schnalle oder O-Ring, 13 cm

Künstliche oder selbstgenähte Blüten *(optionale Verzierung)*

HINWEIS

- Die Nahtzugaben sind 1 cm breit, sofern nicht anders angegeben.
- Verriegeln Sie bei allen Nähten Anfang und Ende.

ZUSCHNEIDEN

Verwenden Sie die Schnittmuster Handtasche Julianna, Vorder-/Rückseite und Klappe (Schnittmusterbogen, Seite 2)

Kopieren Sie die Schnittmuster direkt auf die linke Seite des einlagigen Stoffs. Übertragen Sie alle Punkte und Markierungen. Schneiden Sie Oberstoff, Futterstoff und Bügeleinlage zu.

Oberstoff

- 2 × Vorder-/Rückseite
- 1 × Klappe
- 1 × Riemen: 48,5 cm × 6 cm
- 1 × Schlaufe: 12,5 cm × 6 cm

Futterstoff

- 2 × Vorder-/Rückseite
- 1 × Klappe

Bügeleinlage

- 2 × Vorder-/Rückseite
- 1 × Klappe

Oberstoff und Futter nähen

1. Bügeln Sie die Einlage nach den Herstellerangaben auf die linke Seite von Oberstoff-Vorderseite und Oberstoff-Rückseite.

2. Setzen Sie ein Magnetteil in die Oberstoff-Vorderseite ein. Siehe Magnetverschluss einsetzen (Seite 9).

3. Nähen Sie die Abnäher. Siehe Abnäher fertigen (Seite 17). **ABBILDUNG A**

4. Legen Sie die Oberstoff-Vorderseite rechts auf rechts auf die Oberstoff-Rückseite. Die Abnäher in der Vorderseite sind nach außen, die Abnäher in der Rückseite nach innen gebügelt. Stecken und verstürzen Sie die Oberstofftasche U-förmig. Verriegeln Sie die Naht am Anfang und am Ende. Kerben Sie die Nahtzugabe an den Rundungen ein. Wenden Sie die Oberstofftasche. **ABBILDUNG B**

5. Fertigen Sie die Futtertasche ebenso, lassen Sie dabei eine 13 cm lange Wendeöffnung. **ABBILDUNG C**

Klappe fertigen

1. Bügeln Sie die Einlage nach den Herstellerangaben auf die linke Seite der Futter-Klappe. Setzen Sie das zweite Magnetteil in die Futter-Klappe ein. Siehe Magnetverschluss einsetzen (Seite 9).

2. Legen Sie die Futter-Klappe rechts auf rechts auf die Oberstoff-Klappe. Stecken und verstürzen Sie die untere gebogene Kante; lassen Sie die gerade Kante offen. Kerben Sie die Nahtzugabe an den Rundungen ein.
ABBILDUNG D

3. Wenden Sie die Klappe. Bügeln Sie die Klappe und steppen Sie die Kante 1,3 cm breit ab.
ABBILDUNG E

4. Legen Sie die Klappe rechts auf rechts auf die Rückseite, mittig und mit den offenen Kanten bündig. Stecken und heften Sie die offenen Kanten.
ABBILDUNG F

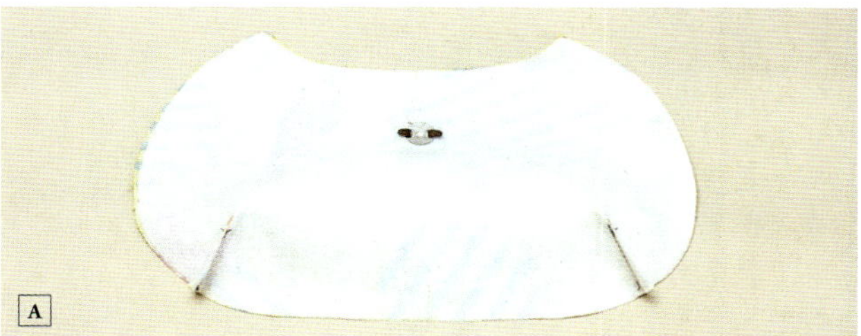
A

B

C

D

E

F

Schlaufe und Riemen fertigen

1. Fertigen Sie die Schlaufe. Siehe Band A (Seite 18). Ziehen Sie den O-Ring oder die Schnalle auf das Schlaufenband.

2. Fertigen Sie den Riemen. Siehe Band B (Seite 19).

3. Heften Sie Schlaufe und Riemen mittig an die Seitennähte der Handtasche. **ABBILDUNG H**

Oberstoff und Futter verstürzen

1. Bügeln Sie bei Oberstoff und Futter die Nähte auseinander. Schieben Sie den Oberstoff rechts auf rechts in das Futter; Klappe und Riemen liegen zwischen den beiden Teilen. Stecken Sie den Oberstoff an das Futter. **ABBILDUNG I**

2. Verstürzen Sie die Eingriffkante der Handtasche. **ABBILDUNG J**

3. Kerben Sie die Nahtzugabe an den Rundungen ein und schneiden Sie sie an den Ecken zurück. Wenden Sie die Handtasche durch die Nahtöffnung und schließen Sie die Wendeöffnung. Schieben Sie das Futter in den Oberstoff. Bügeln Sie die Eingriffkante der Handtasche und steppen Sie diese schmalkantig ab. Ziehen Sie die Schnalle oder den O-Ring auf den Riemen und steppen Sie den Riemen an der gewünschten Stelle fest. **ABBILDUNG K**

H

I

J

K

Handtäschchen Linnea

Ein niedliches Rüschen-Design, das Handtäschchen Linnea! Der Reißverschluss wird mit einer unkomplizierten Methode eingenäht, daher eignet sich dieses Projekt sehr gut für Anfänger mit Näherfahrung. Die Rüschen können Sie auch weglassen und haben immer noch ein hübsches Täschchen zum Ausgehen, wenn Sie nur Portemonnaie und Handy benötigen. Wenn Sie den Riemen weglassen, können Sie Linnea als Zippertäschchen in Ihre Handtasche stecken.

FERTIGE GRÖSSE 28 cm breit × 15 cm hoch

LEVEL Einfach ❁❁

MATERIAL

Der Stoffverbrauch bezieht sich auf 140 cm breiten Stoff und 90 cm breite Einlage. Der Stoffverbrauch in yard (0,91 m) für Stoffe von Sue Kim und andere Patchworkstoffe ist in Klammern angegeben und bezieht sich auf eine Stoffbreite von 42" (106,5 cm).

35 cm (½ yard) Oberstoff

20 cm (¼ yard) Futterstoff

20 cm Bügeleinlage

25,5 cm Reißverschluss

18 cm Reißverschluss für Innentasche

O-Ring für Riemen, 13 mm

Lederetikett (*optional*)

HINWEIS

- 1 cm Nahtzugabe ist im Schnitt enthalten.
- Verriegeln Sie bei allen Nähten Anfang und Ende.

ZUSCHNEIDEN

Verwenden Sie das Schnittmuster Handtäschchen Linnea, Vorder-/Rückseite (Schnittmusterbogen, Seite 2)

Übertragen Sie alle Punkte und Markierungen auf den Stoff. Schneiden Sie Oberstoff, Futterstoff und Bügeleinlage zu.

Oberstoff

- 1 × Mittlere Vorderseite: 6 cm × 17 cm
- 2 × Vorder-/Rückseite

Vorderseite für gerüschte Variante auf die Hälfte legen und an der Schneidelinie teilen.

- 2 × Mittlere Rüsche: 9,5 cm × 25,5 cm
- 4 × Seitliche Rüsche: 10 cm × 25,5 cm
- 1 × Schlaufe: 10 cm × 5 cm
- 1 × Riemen: 107 cm × 5 cm

Futterstoff

- 2 × Vorder-/Rückseite
- 2 × Taschenbeutel für Innentasche mit Reißverschluss: 18 cm × 10 cm

Bügeleinlage

- 2 × Vorder-/Rückseite

Rüschen fertigen

1. Falten Sie die Rüschenteile längs links auf links auf die Hälfte. Kräuseln Sie die Rüschen ein. Siehe Einkräuseln (Seite 17). **ABBILDUNG A**

2. Legen Sie eine seitliche Rüsche rechts auf rechts auf die eine Vorderhälfte, die offene Rüschenkante 7 cm versetzt von der offenen Mittelkante. Stecken Sie zunächst die Enden fest, arrangieren Sie die Rüsche passend und stecken Sie dann die restliche Rüsche fest. Nähen Sie die Rüsche 1 cm breit auf die Vorderseite. **ABBILDUNG B**

3. Wiederholen Sie Schritt 2 und legen Sie die nächste seitliche Rüsche über die erste, die offene Rüschenkante 3,5 cm versetzt von der Mittelkante.

4. Wiederholen Sie Schritt 2 mit der mittleren Rüsche; legen Sie diese an der Mittelkante an.

5. Wiederholen Sie Schritte 2–4 mit den Rüschen auf der anderen Vorderhälfte. **ABBILDUNG C**

6. Nähen Sie die mittlere Vorderseite rechts auf rechts an eine seitliche Vorderseite. Bügeln Sie die Naht zur Mitte und steppen Sie die Naht schmalkantig ab. **ABBILDUNG D**

7. Nähen Sie die andere seitliche Vorderseite ebenso an. **ABBILDUNG E**

Reißverschluss und Futter annähen

1. Bügeln Sie die Einlage nach den Herstellerangaben auf die linke Seite der Futterteile.

2. Nähen Sie die Innentasche mit Reißverschluss ein. Siehe Innentasche mit Reißverschluss (Seite 14).

3. Nähen Sie die Abnäher im Oberstoff und im Futter. Siehe Abnäher fertigen (Seite 17).

4. Schließen Sie den Reißverschluss und legen Sie ihn rechts auf rechts auf die Oberstoff-Vorderseite. Die linke Reißverschlussseite ist zu sehen. Stecken und nähen Sie den Reißverschluss mit einem Reißverschlussfuß an, 3 mm neben der Kante des Reißverschlussbands. Verriegeln Sie die Naht. **ABBILDUNG F**

5. Legen Sie die Futter-Vorderseite rechts auf rechts auf die Oberstoff-Vorderseite mit Reißverschluss. Der Reißverschluss liegt jetzt zwischen Oberstoff und Futter. Nähen Sie das Futter an; lassen Sie die Naht am Anfang und am Ende 1 cm offen. **ABBILDUNG G**

6. Schlagen Sie das Futter nach links um und bügeln Sie die Naht. Steppen Sie die Oberkante durch alle Lagen neben den Zähnchen ab, lassen Sie die Naht am Anfang und am Ende 1 cm offen. **ABBILDUNG H**

7. Wiederholen Sie die Schritte 4–6 mit dem anderen Oberstoffteil und Futterteil.

A

B

C

D

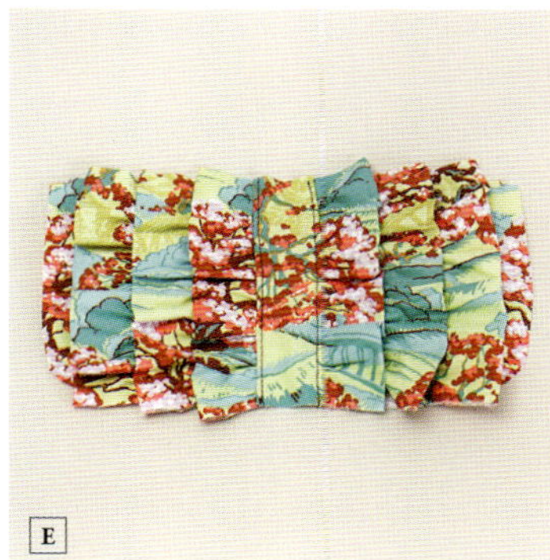
E

F

G

H

Schlaufe und Riemen fertigen

1. Fertigen Sie die Schlaufe. Siehe Band A (Seite 18). Ziehen Sie den Ring auf die Schlaufe. **ABBILDUNG I**

2. Falten Sie die Schlaufe links auf links auf die Hälfte. Legen Sie die Schlaufe am Reißverschlussende an und heften Sie diese fest.

3. Fertigen Sie den Riemen. Siehe Band B (Seite 19). Legen Sie den Riemen am anderen Reißverschlussende an und heften Sie diesen fest. **ABBILDUNG J**

Oberstoff und Futter verstürzen

1. Legen Sie die Oberstoff-Vorderseite rechts auf rechts auf die Oberstoff-Rückseite. Stecken und verstürzen Sie den Oberstoff von Punkt A in einer Ecke bis zu Punkt A in der anderen. **ABBILDUNG K**

2. Verstürzen Sie das Futter ebenso, lassen Sie dabei eine 10 cm lange Wendeöffnung. **ABBILDUNG L**

3. Kerben Sie bei Oberstoff und Futter die Nahtzugabe an den Rundungen ein.

4. Legen Sie die oberen Seitenkanten rechts auf rechts; den Reißverschluss auf die Seitennaht. Die Schlaufe beziehungsweise der Riemen liegt innen und die Reißverschlusszähnchen stoßen in der Mitte aneinander.

5. Nähen Sie die Quernähte stabil ab; steppen Sie mehrfach vor und zurück. **ABBILDUNG M**

6. Wenden Sie das Handtäschchen auf rechts, bügeln Sie es und schließen Sie die Wendeöffnung im Futter.

7. Ziehen Sie den O-Ring bis zur gewünschten Position auf das geschlossene Riemenende. Stecken und steppen Sie das Riemenende schmalkantig fest. **ABBILDUNG N**

I

J

K

L

M

N

catsleep

Rüschentasche Genevieve

Das besondere Merkmal dieser Tasche ist der Rüschenteil in der Mitte der Vorderseite, er lässt die Tasche voluminöser wirken. Praktische Gesichtspunkte sind bei den Innentaschen berücksichtigt, sie sind mit Reißverschluss beziehungsweise Gummizug ausgestattet. Für die Rüschentasche Genevieve ist Näherfahrung erforderlich. Leichter wird das Projekt, wenn Sie die Rüschen weglassen.

FERTIGE GRÖSSE 35,5 cm × 23,5 cm hoch × 8,5 cm tief

LEVEL Mittelschwer ❁❁❁

MATERIAL

Der Stoffverbrauch bezieht sich auf 140 cm breiten Stoff und 90 cm breite Einlage. Der Stoffverbrauch in yard (0,91 m) für Stoffe von Sue Kim und andere Patchworkstoffe ist in Klammern angegeben und bezieht sich auf eine Stoffbreite von 42" (106,5 cm).

1 m (1½ yards) Oberstoff

65 cm (⅞ yard) einfarbiger Stoff für Doppelrüsche *(optional)*

85 cm (1 yard) Futterstoff

60 cm Bügeleinlage

35,5 cm Reißverschluss

18 cm Reißverschluss für Innentasche

45 cm Gummiband, 13 mm breit

D-Ring für Schlaufe, 25 mm

2,75 m beidseitig gefalztes Schrägband zum Einfassen der Nahtzugaben

HINWEIS

- 1 cm Nahtzugabe ist im Schnitt enthalten.
- Verriegeln Sie bei allen Nähten Anfang und Ende.

Tipp Wenn der Reißverschluss zu lang ist, können Sie diesen mit Überwendlichstich an der richtigen Stelle verriegeln und 2,5 cm unterhalb des Riegels abschneiden.

ZUSCHNEIDEN

Verwenden Sie die Schnittmuster Rüschentasche Genevieve, Seitliche Vorderseite, Mittlere Vorderseite, Rückseite, Seitenteil und Innentasche mit Gummizug (Schnittmusterbogen, Seite 1 und 2).

Kopieren Sie das Schnittmuster direkt auf die linke Seite des einlagigen Stoffs. Übertragen Sie alle Punkte und Markierungen. Schneiden Sie Oberstoff, Futterstoff und Bügeleinlage zu.

Oberstoff

- 2 × Seitliche Vorderseite
- 1 × Mittlere Vorderseite
- 1 × Rückseite
- 1 × Seitenteil
- 2 × Reißverschlussleiste: 33,5 cm × 3 cm
- 1 × Obere Rüsche: 44,5 cm × 12 cm
- 4 × Restliche Rüschen: 140 cm × 10 cm (bei 42 " breiten Stoffen: 5 × Restliche Rüschen: Stoffbreite × 10 cm)
- 1 × Schlaufe: 44,5 cm × 10 cm
- 1 × Riemen: 61 cm × 10 cm

Futterstoff

- 2 × Vorder-/Rückseite
- 1 × Seitenteil
- 2 × Reißverschlussleiste: 33,5 cm × 3 cm
- 1 × Innentasche mit Gummizug
- 2 × Taschenbeutel für Innentasche mit Reißverschluss: 18 cm × 15 cm

Bügeleinlage

- 2 × Vorder-/Rückseite
- 1 × Seitenteil
- 2 × Reißverschlussleiste: 33,5 cm × 3 cm

Doppelrüsche (optional)

- 1 × obere Rüsche 44,5 cm × 12 cm
- 5 × Rüsche 108 cm × 10 cm

Oberstofftasche fertigen

1. Legen Sie das obere Rüschenteil beiseite. Stückeln Sie die anderen Rüschenteile an ihren Schmalseiten mit 6 mm Nahtzugabe rechts auf rechts aneinander und bügeln Sie die Nähte auseinander. Falten und bügeln Sie das Rüschenteil links auf links längs auf die Hälfte. Schneiden Sie drei 94 cm lange Rüschen zu und jeweils eine 89 cm, 84 cm und 78,5 cm lange Rüsche.

2. Kräuseln Sie die Rüschen auf die untenstehenden Längen ein. **ABBILDUNG A**

   Rüsche 1 (unten): 94 cm eingekräuselt auf 40 cm

   Rüsche 2: 94 cm eingekräuselt auf 37,5 cm

   Rüsche 3: 94 cm eingekräuselt auf 35 cm

   Rüsche 4: 89 cm eingekräuselt auf 31 cm

   Rüsche 5: 84 cm eingekräuselt auf 27,5 cm

   Rüsche 6: 78,5 cm eingekräuselt auf 27 cm

   Rüsche 7 (oben): 44,5 cm eingekräuselt auf 19,5 cm

3. Markieren Sie die Anlegelinien für die Rüschen nach dem Schnittmuster mit einem auswaschbaren Stift oder Schneiderkreide auf der mittleren Vorderseite. Legen Sie Rüsche 1 rechts auf rechts mit der Kante an die untere Anlegelinie der mittleren Vorderseite. Verteilen Sie die Fältchen gleichmäßig. Stecken Sie zunächst die Enden, dann die Mitte fest, und nähen Sie die Rüsche 1 cm breit auf. **ABBILDUNG B**

4. Nähen Sie die anderen Rüschen ebenso an. Legen Sie die obere Rüsche an die offene Kante der mittleren Vorderseite. **ABBILDUNGEN C UND D**

Doppelrüsche *(optional)*: Bereiten Sie den zweiten Satz Rüschenteile wie unter Oberstofftasche fertigen, Schritt 1 (Seite 64) beschrieben vor. Nähen Sie die einzelnen Rüschenteile aneinander, das Gemusterte 6 mm nach oben versetzt auf das Einfarbige, und schneiden Sie die gemusterte Rüsche an der Oberkante 6 mm zurück. Folgen Sie dann Schritt 2.

A

B

C

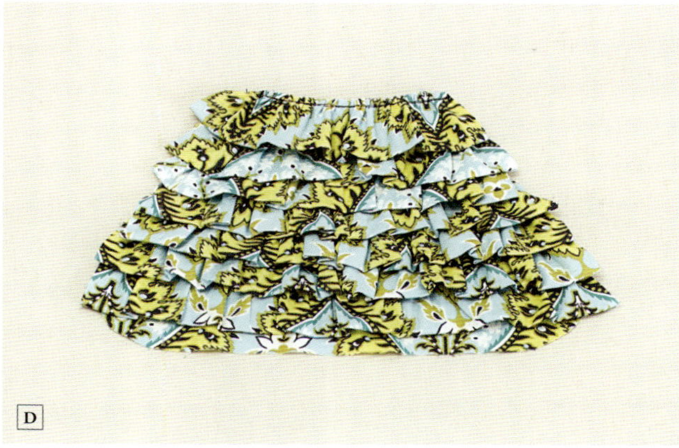

D

5. Legen Sie die seitlichen Vorderteile jeweils rechts auf rechts auf die mittlere Vorderseite. Stecken und nähen Sie die Teile aneinander. **ABBILDUNG E**

6. Bügeln Sie die Teilungsnähte nach außen und steppen Sie diese schmalkantig ab. **ABBILDUNG F**

7. Legen Sie eine Reißverschlussleiste auf die Vorderseite. Stecken und nähen Sie die Leiste an; lassen Sie die Naht am Anfang und Ende 1 cm offen. Verriegeln Sie die Naht an beiden Enden. Nähen Sie die andere Reißverschlussleiste ebenso an die Rückseite. **ABBILDUNG G**

Futtertasche nähen

1. Bügeln Sie die Einlage nach den Herstellerangaben auf die linke Seite der Futterteile.

2. Fertigen Sie die Innentasche mit Gummizug. Siehe Innentasche mit Gummizug (Seite 13).

3. Nähen Sie die Innentasche mit Reißverschluss ein. Siehe Innentasche mit Reißverschluss (Seite 14). **ABBILDUNG H**

4. Bügeln Sie die Einlage auf die beiden Reißverschlussleisten aus Futterstoff. Wiederholen Sie Schritt 7 von Oberstofftasche fertigen und setzen Sie die Reißverschlussleisten an Futter-Vorder- und Futter-Rückseite.

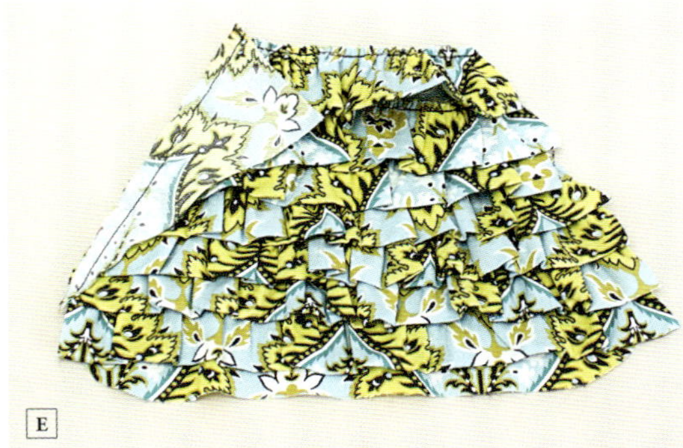

Reißverschluss einnähen

Nähen Sie den Reißverschluss ein. Siehe Zipper-täschchen, Reißverschluss einnähen (Seite 25).
ABBILDUNG I

Schlaufe und Riemen fertigen

1. Fertigen Sie die Schlaufe. Siehe Band A (Seite 18). Ziehen Sie den Ring auf die Schlaufe. Falten Sie die Schlaufe auf die Hälfte und heften Sie die Enden zusammen. **ABBILDUNG J**

2. Fertigen Sie den Riemen. Siehe Band B (Seite 19).

Tasche zusammenfügen

1. Legen Sie das Oberstoff-Seitenteil links auf links auf das Futter-Seitenteil. Heften Sie die Seitenteile an den Längskanten zusammen. Legen Sie die Oberstoff-Vorder-/Rückseite links auf links auf die Futter-Vorder-/Rückseite. Heften Sie die Seitenkanten und die Unterkante zusammen. **ABBILDUNG K**

2. Legen Sie die Oberkanten bündig und stecken Sie das Seitenteil rechts auf rechts an die Vorderseite. Nähen Sie das Seitenteil 1 cm breit an die Vorderseite, lassen Sie an beiden Oberkanten 1 cm Naht offen. Verriegeln Sie die Naht am Anfang und am Ende. Wiederholen Sie diesen Schritt mit der Rückseite.
ABBILDUNG L

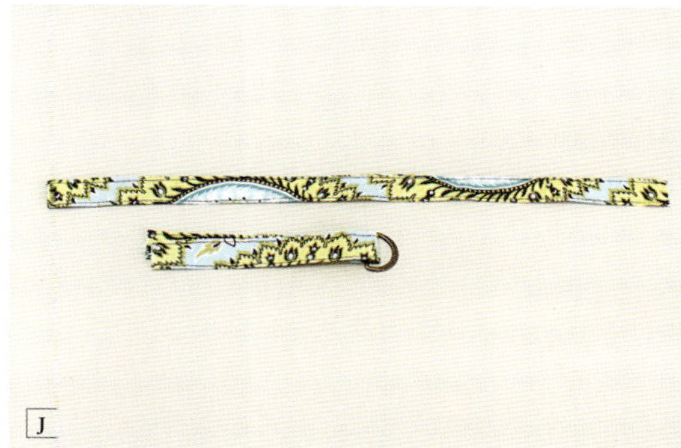

3. Schieben Sie die Schlaufe zwischen Seitenteil und Reißverschluss und stecken Sie das Reißverschlussteil mit der Schlaufe rechts auf rechts an das Seitenteil. Schieben Sie auf der anderen Seite den Riemen zwischen Seitenteil und Reißverschlussteil und stecken Sie diese Naht. Steppen Sie auf beiden Seiten das Seitenteil an das Reißverschlussteil.
ABBILDUNG M

4. Falten Sie eine Seite des Schrägbands auf und bügeln Sie die Querkante 1,3 cm um. Legen Sie die offene Schrägbandkante rechts auf rechts an der Oberkante der Vorderseite an die Seitennaht. Stecken und nähen Sie das Schrägband rundherum an die offenen Kanten und lassen Sie die Enden 1,3 cm überlappen.
ABBILDUNGEN N UND O

5. Schlagen Sie das Schrägband um die Nahtzugabe. Steppen Sie das Schrägband auf der Ansatznaht fest.
ABBILDUNG P

6. Ziehen Sie den Ring bis zur gewünschten Länge auf den Riemen und schlagen Sie den Riemen um. Steppen Sie das Riemenende mehrfach sicher fest.

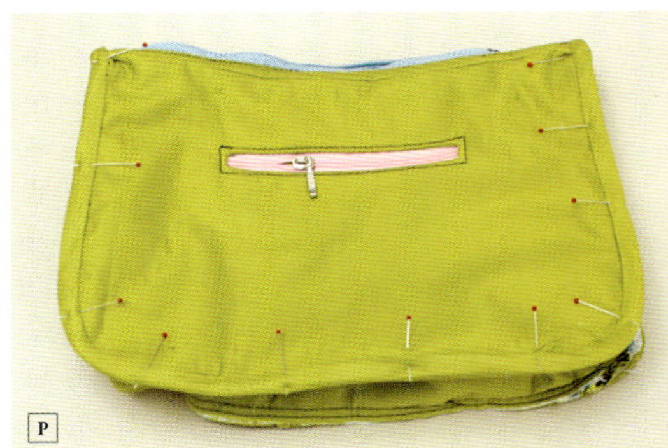

Hobo Thelma

Eine aparte Hobo mit Fältchen in der Vorderseite und einem Reißverschluss. Mit ihren Fältchen und Abnähern bietet sie viel Stauraum. Wegen der vielen Rundungen, der Einfassungen und Reißverschlüsse ist für dieses Projekt etwas Näherfahrung erforderlich – dann ist sie jedoch unkompliziert.

FERTIGE GRÖSSE 54,5 cm breit × 33,5 cm hoch

LEVEL Einfach ❁❁

MATERIAL

Der Stoffverbrauch bezieht sich auf 140 cm breiten Stoff und 90 cm breite Einlage. Der Stoffverbrauch in yard (0,91 m) für Stoffe von Sue Kim und andere Patchworkstoffe ist in Klammern angegeben und bezieht sich auf eine Stoffbreite von 42" (106,5 cm).

1 m (1⅞ yards) Oberstoff

1,05 m (2 yards) Futterstoff

1,10 m (2 yards) Bügeleinlage

58,5 cm Reißverschluss

20,5 cm Reißverschluss für Innentasche

Schnalle oder D-Ring, 5 cm

HINWEIS

- 1 cm Nahtzugabe ist im Schnitt enthalten.
- Verriegeln Sie bei allen Nähten Anfang und Ende.

ZUSCHNEIDEN

Verwenden Sie die Schnittmuster Hobo Thelma, Untere Vorderseite, Obere Vorderseite und Rückseite (Schnittmusterbogen, Seite 1 und Seite 2). Kopieren Sie das Schnittmuster im Stoffbruch auf die linke Stoffseite. Übertragen Sie alle Punkte und Markierungen. Schneiden Sie Oberstoff, Futterstoff und Bügeleinlage zu.

Oberstoff

- 1 × Obere Vorderseite
- 1 × Untere Vorderseite
- 1 × Rückseite
- 1 × Schlaufe: 20,5 cm × 21 cm
- 1 × Riemen: 20,5 cm × 25,5 cm

Futterstoff

- 2 × Rückseite
- 2 × Taschenbeutel für Innentasche mit Reißverschluss: 18 cm × 15 cm
- 2 × Aufgesetzte Innentasche: 20,5 cm × 15 cm
- 1 × Schrägband zum Einfassen der unteren Längsnaht: 4,5 cm × 138,5 cm
- 2 × Schrägband zum Einfassen der Quernähte: 4,5 cm × 10 cm

Bügeleinlage

- 2 × Rückseite

Hauptteil vorbereiten

1. Bügeln Sie die Einlage nach den Herstellerangaben auf die linke Seite der Futterteile.

2. Nähen Sie die Abnäher im Oberstoff. Siehe Abnäher fertigen (Seite 17). **ABBILDUNG A**

3. Kräuseln Sie die Oberkante der unteren Vorderseite nach dem Schnittmuster ein. Siehe Einkräuseln (Seite 17). **ABBILDUNG B**

4. Legen Sie die untere und obere Vorderseite rechts auf rechts aufeinander. Stecken Sie zunächst die Mitte, dann die Enden fest.

5. Stecken Sie die restliche Naht zu und nähen Sie die Teile aneinander. Schneiden Sie die Nahtzugabe gegebenenfalls ein. **ABBILDUNG C**

6. Bügeln Sie die Naht nach oben und steppen Sie diese schmalkantig breit ab. **ABBILDUNG D**

7. Nähen Sie die Innentasche 9 cm unterhalb der Eingriffkante auf. Siehe Aufgesetzte Innentasche (Seite 12).

8. Nähen Sie die Innentasche mit Reißverschluss 7,5 cm unterhalb der Eingriffkante auf. Siehe Innentasche mit Reißverschluss (Seite 14). **ABBILDUNG E**

Reißverschluss einnähen

Nähen Sie den Reißverschluss an Vorderseite und Rückseite an die Innenrundung. Siehe Reißverschlusstäschchen, Reißverschluss einnähen (Seite 25). **ABBILDUNG F**

Schlaufe und Riemen fertigen

1. Fertigen Sie die Schlaufe. Siehe Band A (Seite 18). Ziehen Sie den Ring auf die Schlaufe.

2. Falten Sie die Schlaufe links auf links auf die Hälfte. Legen Sie die Schlaufe am Reißverschlussende an und heften Sie diese fest. **ABBILDUNG G**

3. Fertigen Sie den Riemen. Siehe Band B (Seite 19).

4. Legen Sie den Riemen am anderen Reißverschlussende an und heften Sie diesen fest. **ABBILDUNG H**

Oberstoff und Futter verstürzen

1. Heften Sie die Oberstoff-Vorderseite an der Außenkante an die Futter-Vorderseite. Wiederholen Sie diesen Schritt mit der Rückseite. Legen Sie Vorder- und Rückseite rechts auf rechts aufeinander. Verstürzen Sie die Außenkante durch alle Lagen. **ABBILDUNG I**

2. Fertigen Sie das Schrägband. Bügeln Sie jedes Schrägband zunächst längs auf die Hälfte. Falten Sie das Band auf und falten Sie die beiden offenen Kanten zum Bruch in der Mitte. Falten Sie das Band wieder im ersten Bruch auf die Hälfte und bügeln Sie es.

A

B

C

D

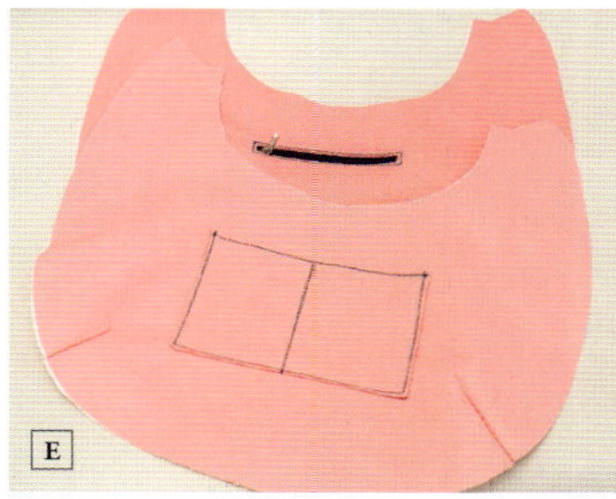
E

F

G

H

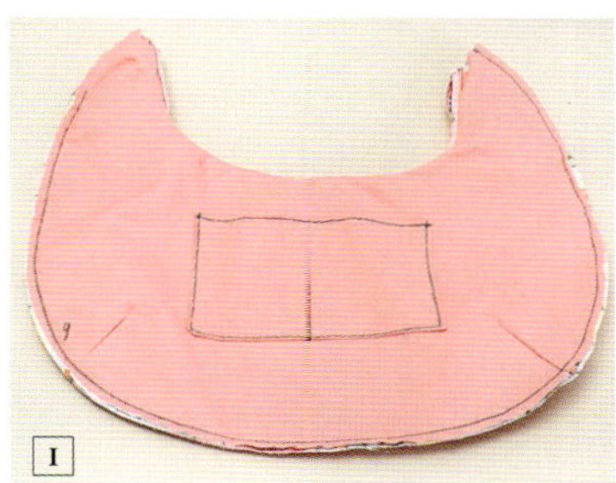
I

3. Falten Sie eine Kante des Schrägbands auf. Legen Sie die offene Schrägbandkante an einer seitlichen Oberkante an und stecken Sie das Band rechts auf rechts an die Außenkante der Tasche. Stecken Sie das Band bis zur anderen seitlichen Oberkante fest.

4. Nähen Sie das Schrägband an, in der Bruchlinie neben der offenen Kante. Schlagen Sie das Schrägband um die Nahtzugabe und stecken Sie es fest.

5. Steppen Sie die Einfassung am inneren Bruch schmalkantig durch alle Lagen ab. Schneiden Sie das Schrägband gegebenenfalls bündig mit der seitlichen Oberkante zurück. **ABBILDUNG J**

6. Lassen Sie die Hobo auf links und den Reißverschluss offen. Legen und stecken Sie die offene Trägerkante rechts auf rechts, Reißverschluss und Seitennaht liegen mittig aufeinander und die Einfassung ist zu einer Seite gelegt, die Reißverschlusszähnchen stoßen aneinander.

7. Nähen Sie die Trägerkante stabil ab; steppen Sie mehrfach vor und zurück.

8. Falten Sie ein 10 cm langes Schrägband auf. Legen Sie das Schrägband mittig auf die zurückgeschnittene Nahtzugabe und stecken Sie die offene Kante rechts auf rechts fest. Nähen Sie das Schrägband an, in der Bruchlinie neben der offenen Kante. **ABBILDUNG K**

9. Schlagen Sie die Kanten des Schrägbands nach innen um. **ABBILDUNG L**

10. Schlagen Sie das Schrägband um die Nahtzugabe und stecken Sie es fest. **ABBILDUNG M**

11. Steppen Sie die Einfassung am inneren Bruch schmalkantig durch alle Lagen ab. Wiederholen Sie die Schritte auf der Schlaufenseite, achten Sie auf die richtige Ausrichtung der Schlaufe.

12. Wenden Sie die Hobo auf rechts. Ziehen Sie die Schnalle auf den Riemen, verdrehen Sie dabei den Riemen nicht. Ziehen Sie den Riemen auf die gewünschte Länge und steppen Sie ihn fest. **ABBILDUNG N**

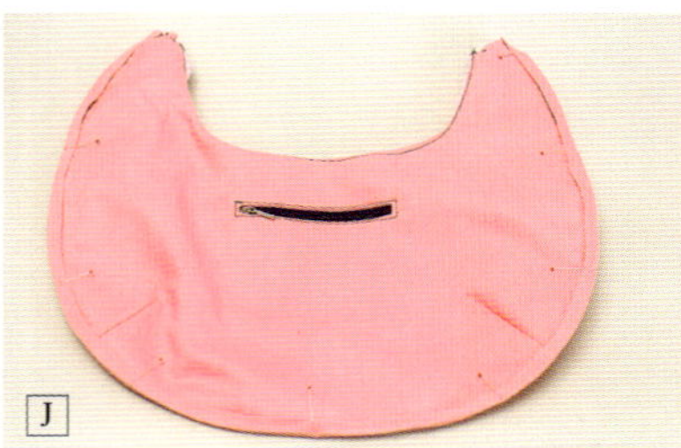
J

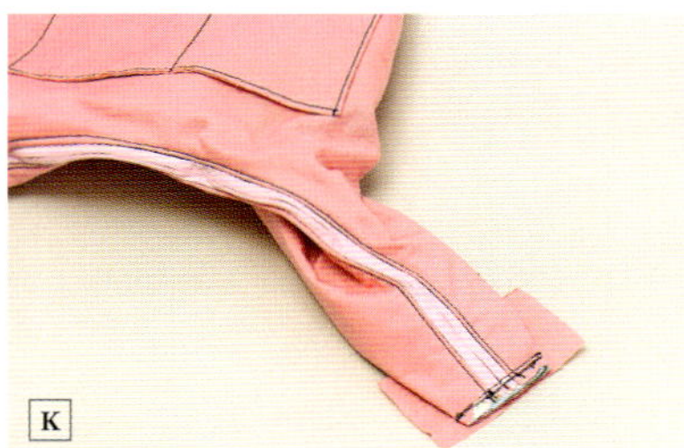
K

L

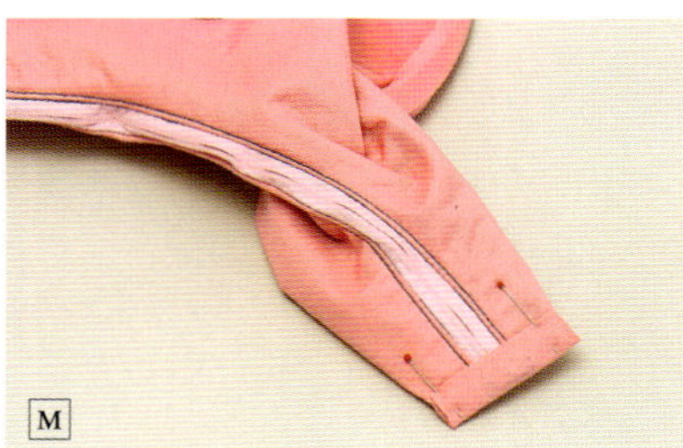
M

N

Reisetasche Susan

Susan ist eine stabile Henkeltasche mit einer zusätzlichen, praktischen Außentasche an der Vorderseite. Innentaschen mit Gummizug sorgen für Ordnung in der Reisetasche. Die Reisetasche lässt sich sehr gut an individuelle Wünsche anpassen und aus vielen verschiedenen Materialien fertigen. Sie können daraus auch einen Rucksack fertigen, indem Sie Riemen anbringen. Das Annähen des Seitenteils ist nicht einfach. Sie sollten für dieses Projekt über einige Näherfahrung verfügen.

FERTIGE GRÖSSE 38 cm breit × 37,5 cm hoch × 13,5 cm tief

LEVEL Mittelschwer ❁❁❁

MATERIAL

Der Stoffverbrauch bezieht sich auf 140 cm breiten Stoff und 90 cm breite Einlage. Der Stoffverbrauch in yard (0,91 m) für Stoffe von Sue Kim und andere Patchworkstoffe ist in Klammern angegeben und bezieht sich auf eine Stoffbreite von 42" (106,5 cm).

90 cm (1 yard) Oberstoff

20 cm (3/8 yard) Oberstoff für Außentasche

1,1 m (2 yards) Futterstoff

75 cm Bügeleinlage

56 cm Reißverschluss

38 cm Reißverschluss für Außentasche

18 cm Reißverschluss für Innentasche

breites Gummiband, 75 cm

1 Satz Textilhenkel mit Lederbesatz, 45,5 cm lang

320 cm Paspel

HINWEIS

- 1 cm Nahtzugabe ist im Schnitt enthalten.
- Verriegeln Sie bei allen Nähten Anfang und Ende.

DESTINATION
FLIGHT # 2856
DESTINATION ADVENTURE

ZUSCHNEIDEN

Übertragen Sie alle Punkte und Markierungen auf den Stoff. Schneiden Sie Oberstoff, Futterstoff und Bügeleinlage zu.

Tasche

Oberstoff

- 2 × Vorder-/Rückseite: 40,5 cm × 39,5 cm
- 2 × Reißverschlussleiste: 7,5 cm × 54 cm
- 1 × Seitenteil: 14,5 cm × 89 cm

Futterstoff

- 2 × Vorder-/Rückseite: 40,5 cm × 39,5 cm
- 2 × Reißverschlussleiste: 7,5 cm × 54 cm
- 1 × Seitenteil: 14,5 cm × 89 cm
- 2 × Taschenbeutel für Innentasche mit Reißverschluss: 18 cm × 15 cm
- 2 × Innentasche mit Gummizug: 51 cm × 20,5 cm
- 2 × Schrägband zum Einfassen der Quernähte: 4,5 cm × 15 cm
- 2 × Schrägband zum Einfassen der Längsnähte: 4,5 cm × 145 cm (gegebenenfalls stückeln)

Bügeleinlage

- 2 × Vorder-/Rückseite: 40,5 cm × 39,5 cm
- 2 × Reißverschlusseiste: 7,5 cm × 54 cm
- 1 × Seitenteil: 14,5 cm × 89 cm

Markieren und schneiden Sie die Rundungen bei allen Oberstoff-, Futterstoff- und Einlageteilen wie in der Zeichnung unten dargestellt. Verwenden Sie die Schnittmuster Reisetasche Susan, Obere Rundung Vorder-/Rückseite und Untere Rundung Vorder-/Rückseite (Schnittmusterbogen, Seite 1).

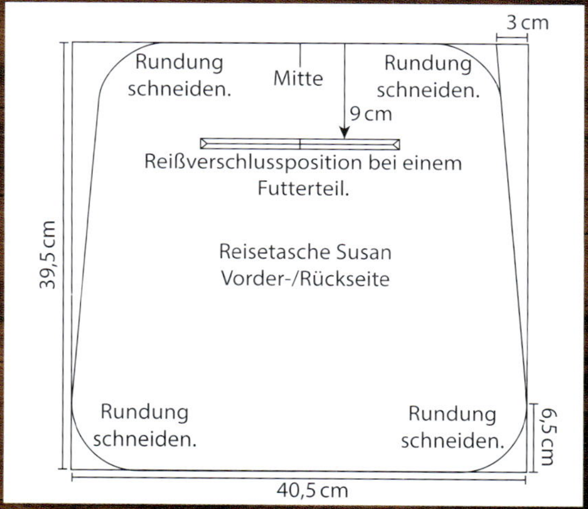

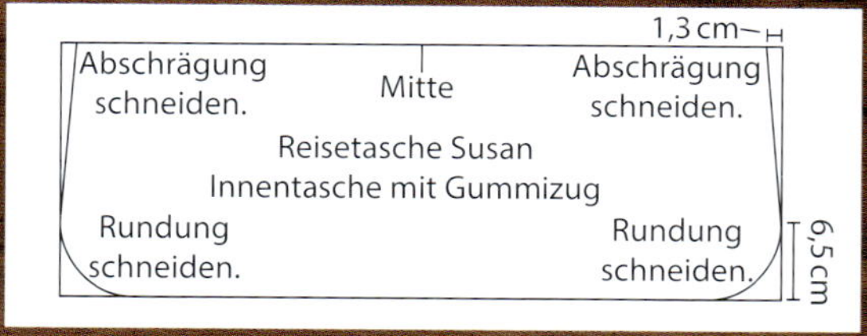

Außentasche

Oberstoff

- 1 × Außentasche: 28 cm × 25,5 cm
- 1 × Reißverschlussleiste: 36 cm × 25,5 cm
- 1 × Seitenteil: 58,5 cm × 5 cm

Markieren und schneiden Sie die abgeschrägten und gerundeten Ecken wie unten dargestellt. Verwenden Sie die Schnittmuster Reisetasche Susan, Obere Rundung Außentasche und Untere Rundung Außentasche (Schnittmusterbogen, Seite 1). Markieren Sie an der Reißverschlussleiste und der Außentasche die obere Mitte.

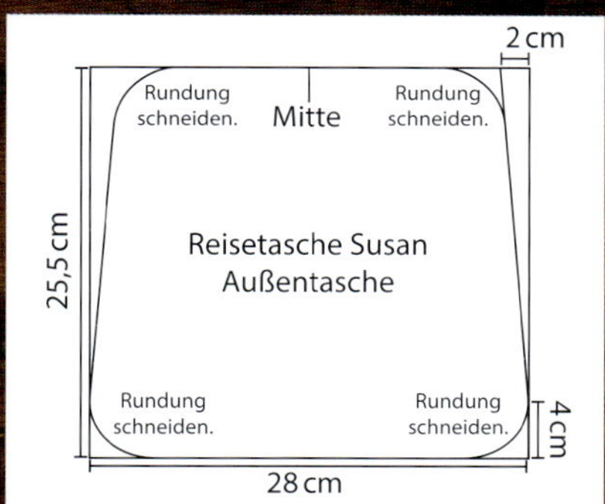

Außentasche fertigen

1. Markieren Sie bei den Reißverschlussleisten die Mitte und legen die Reißverschlussleiste rechts auf rechts auf den Reißverschluss.

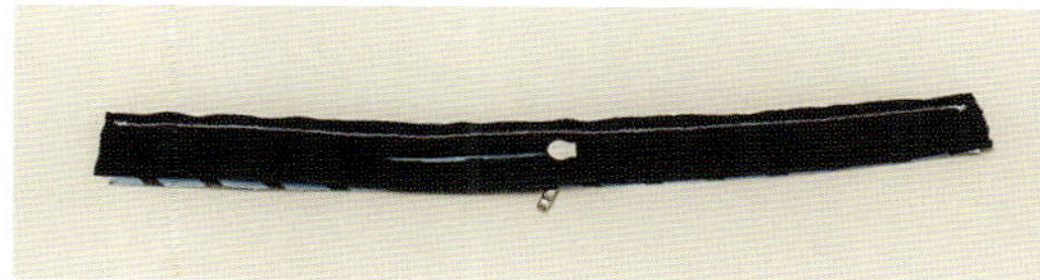

2. Stecken und nähen Sie die Leiste an; bügeln Sie die Nahtzugabe zur Leiste. Steppen Sie die Naht schmalkantig ab.

3. Legen Sie eine kurze Kante des Reißverschlussteils rechts auf rechts auf eine kurze Kante des Seitenteils. Stecken und nähen Sie die Teile aneinander. Bügeln Sie die Naht zum Seitenteil und steppen Sie diese schmalkantig ab. Schließen Sie das Seitenteil mit Reißverschlussteil zu einer Runde.

4. Legen Sie das Seitenteil mit Reißverschlussteil rechts auf rechts an der Außentasche an. Legen Sie die Mittelmarkierungen bündig. Stecken Sie das Seitenteil rundherum auf. Kerben Sie die Nahtzugabe des Seitenteils an den Rundungen ein, wenn es sich sonst nicht anlegen lässt. Nähen Sie das Seitenteil an die Außentasche. Versäubern Sie die Naht mit einer Overlock-Maschine oder mit Zickzackstich.
ABBILDUNG A

5. Bügeln Sie die offene Kante des Seitenteils 1 cm nach links um. Bügeln Sie die Kante erneut 1 cm um.
ABBILDUNG B

6. Legen Sie die Außentasche mittig auf die Taschenvorderseite. Stecken Sie die Tasche fest und steppen Sie diese rundherum auf. **ABBILDUNG C**

7. Legen Sie die Paspel an den Kanten von Vorder- und Rückseite an und nähen Sie diese an. Siehe Paspel annähen (Seite 15). **ABBILDUNG D**

A

B

C

D

Innentaschen einarbeiten

1. Bügeln Sie die Einlage nach den Herstellerangaben auf die linke Seite der Futterteile, auf Vorder-/Rückseite, Reißverschlussleisten und Seitenteil.

2. Nähen Sie die Innentasche mit Reißverschluss ein. Siehe Innentasche mit Reißverschluss (Seite 14).

3. Fertigen Sie die Innentaschen mit Gummizug, verwenden Sie jeweils 35,5 cm Gummiband. Siehe Innentasche mit Gummizug (Seite 13).
ABBILDUNG E

Seitenteil zusammensetzen

1. Nähen Sie den Reißverschluss in die Oberstoffreißverschlusseiten ein und nähen Sie die mit Einlage verstärkten Futter-Reißverschlussleisten dagegen. Siehe Zippertäschchen, Reißverschluss einnähen (Seite 25). **ABBILDUNG F**

2. Stecken und heften Sie das Oberstoff-Seitenteil links auf links auf das Futter-Seitenteil. Stecken Sie die kurzen Kanten des Reißverschlussteils rechts auf rechts an die kurzen Kanten des Seitenteils. Schließen Sie die Nähte. Schneiden Sie die Nahtzugaben gegebenenfalls zurück. **ABBILDUNG G**

3. Bügeln Sie die Schrägstreifen längs auf die Hälfte, falten Sie diese auf und bügeln Sie die beiden Längskanten zur Mitte. Stecken Sie ein 15 cm langes Schrägband rechts auf rechts an eine zurückgeschnittene Nahtzugabe, mit den offenen Kanten bündig.

4. Nähen Sie das Schrägband an, in der Bruchlinie neben der zurückgeschnittenen Kante. Verriegeln Sie Anfang und Ende der Naht. Schlagen Sie das Schrägband um die Nahtzugabe und stecken Sie es fest.

5. Steppen Sie die Einfassung am inneren Bruch schmalkantig durch alle Lagen an. **ABBILDUNG H**

6. Wiederholen Sie Schritte 2–5 mit der anderen Nahtzugabe.

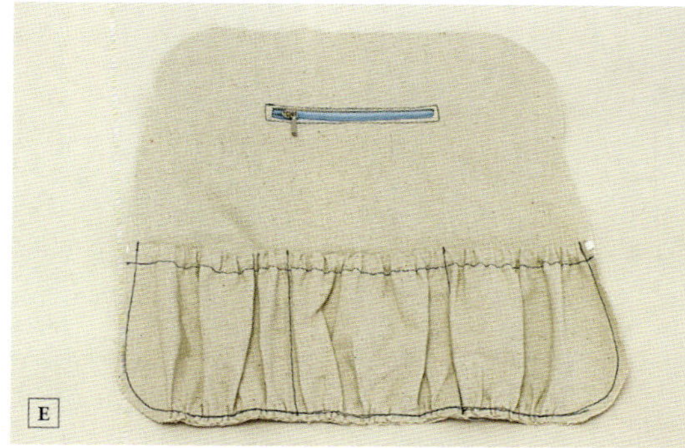

Tasche zusammenfügen

1. Falten Sie das Seitenteil mit den Reißverschlussenden aufeinander und markieren Sie die obere und untere Mitte. Stecken Sie das Seitenteil rechts auf rechts an den Mittelmarkierungen und rundherum an die Vorderseite. Kerben Sie die Nahtzugabe des Seitenteils an den Rundungen ein, wenn es sich sonst nicht anlegen lässt.

2. Schließen Sie die Naht, steppen Sie die Rundungen sorgfältig ab.
ABBILDUNG I

3. Wiederholen Sie Schritte 1 und 2 mit der Rückseite.
ABBILDUNG J

I

J

K

Nahtzugaben einfassen

1. Falten Sie eine Längskante des 145 cm langen Schrägbands auf. Bügeln Sie eine Querkante 1 cm um. Legen Sie die offene Längskante an der Mitte der Vorderseiten-Unterkante an. Stecken Sie das Band rechts auf rechts rundherum an die Außenkante der Tasche. Legen Sie das offene Bandende 1 cm überlappend auf den umgebügelten Anfang. **ABBILDUNG K**

2. Nähen Sie das Schrägband an, in der Bruchlinie neben der offenen Kante. Schlagen Sie das Schrägband um die Nahtzugabe und stecken Sie es fest.

3. Steppen Sie die Einfassung am inneren Bruch schmalkantig durch alle Lagen ab. Wenden und bügeln Sie die Reisetasche.

4. Wiederholen Sie Schritte 1–3 mit den Nahtzugaben der Rückseite.

Henkel befestigen

Befestigen Sie die Textilhenkel mit Lederbesatz nach den Herstellerangaben. Legen Sie die Innenkanten mit 5 cm Abstand von der Mitte an.

Klappentasche Violet

Anstelle eines Reißverschlusses besitzt diese Schultertasche eine Klappe und ist daher leicht zu nähen. Die Tasche liegt angenehm auf der Schulter, sie besitzt ein komfortables Design. Schulterriemen und Tasche sind mit Ringen verbunden. In den Innentaschen – mit Reißverschluss und aufgesetzt – lassen sich wichtige Dinge wie Schlüssel und Handy sicher verstauen.

FERTIGE GRÖSSE 40,5 cm breit × 23 cm hoch × 5 cm tief

LEVEL sehr einfach ❁

MATERIAL

Der Stoffverbrauch bezieht sich auf 140 cm breiten Stoff und 90 cm breite Einlage. Der Stoffverbrauch in yard (0,91 m) für Stoffe von Sue Kim und andere Patchworkstoffe ist in Klammern angegeben und bezieht sich auf eine Stoffbreite von 42" (106,5 cm).

70 cm (1 yard) Oberstoff

75 cm (1 yard) Futterstoff

105 cm Bügeleinlage

Magnetverschluss, 18 mm

Reißverschluss, 18 cm

2 O-Ringe, D-Ringe oder rechteckige Ringe, 5 cm Innendurchmesser

HINWEIS

- 1 cm Nahtzugabe ist im Schnitt enthalten.
- Verriegeln Sie bei allen Nähten Anfang und Ende.

ZUSCHNEIDEN

Kopieren Sie das Schnittmuster direkt auf die linke Seite des einlagigen Stoffs. Übertragen Sie alle Punkte und Markierungen. Schneiden Sie Oberstoff, Futterstoff und Bügeleinlage zu.

Verwenden Sie die Schnittmuster Klappentasche Violet, Vorder-/Rückseite und Klappe (Schnittmusterbogen, Seite 2)

Oberstoff

- 2 × Vorder-/Rückseite
- 1 × Klappe
- 1 × Riemen: 20,5 cm × 43 cm

Futterstoff

- 2 × Vorder-/Rückseite
- 1 × Klappe
- 2 × Taschenbeutel für Innentasche mit Reißverschluss: 18 cm × 15 cm
- 2 × Aufgesetzte Innentasche: 28 cm × 16 cm

Bügeleinlage

- 2 × Vorder-/Rückseite
- 1 × Klappe

Oberstofftasche fertigen

1. Bügeln Sie die Einlage nach den Herstellerangaben auf die linke Seite von Oberstoff-Vorderseite und Oberstoff-Rückseite.

2. Setzen Sie ein Magnetteil in die Oberstoff-Vorderseite ein. Siehe Magnetverschluss einsetzen (Seite 9).

3. Schließen Sie die Abnäher. Siehe Abnäher fertigen (Seite 17).

4. Legen Sie die Oberstoff-Vorderseite rechts auf rechts auf die Oberstoff-Rückseite. Die Abnäher von Vorder- und Rückseite sind in entgegengesetzte Richtung gelegt.

5. Stecken und verstürzen Sie die Oberstofftasche U-förmig mit einer 1 cm breiten Naht. Verriegeln Sie die Naht am Anfang und am Ende. **ABBILDUNG A**

6. Kerben Sie die Nahtzugabe an den Rundungen ein. **ABBILDUNG B**

Futtertasche fertigen

1. Nähen Sie in ein Futterteil 5 cm unterhalb der Oberkante eine Innentasche mit Reißverschluss ein. Siehe Innentasche mit Reißverschluss (Seite 14). **ABBILDUNG C**

2. Steppen Sie auf das andere Futterteil, 6 cm unterhalb der Oberkante, eine aufgesetzte Innentasche. Siehe Aufgesetzte Innentasche (Seite 12).

3. Fertigen Sie die Futtertasche wie unter Oberstofftasche fertigen, Schritte 3–5, oben beschrieben. Lassen Sie eine 15 cm lange Wendeöffnung. **ABBILDUNG D**

Klappe fertigen

1. Bügeln Sie die Einlage nach den Herstellerangaben auf die linke Seite der Futter-Klappe. Setzen Sie das zweite Magnetteil in die Futter-Klappe ein. Siehe Magnetverschluss einsetzen (Seite 9).

2. Legen Sie die Futter-Klappe rechts auf rechts auf die Oberstoff-Klappe. Stecken und verstürzen Sie die gebogene Kante; lassen Sie die gerade Kante offen. **ABBILDUNG E**

3. Kerben Sie die Nahtzugabe an den Rundungen ein und wenden Sie die Klappe. Bügeln Sie die Klappe und steppen Sie die Kanten füßchenbreit ab. **ABBILDUNG F**

4. Legen Sie die Klappe rechts auf rechts auf die Rückseite, mittig und mit den offenen Kanten bündig. Stecken und heften Sie die offenen Kanten. **ABBILDUNG G**

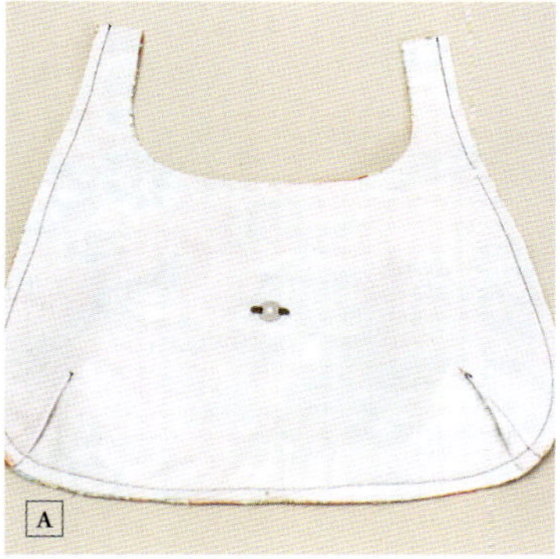
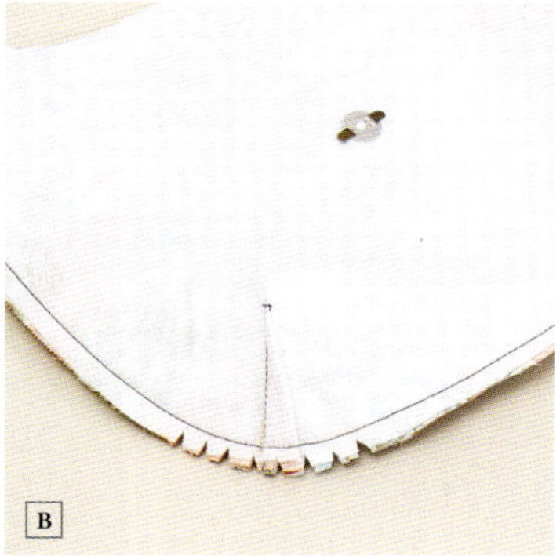
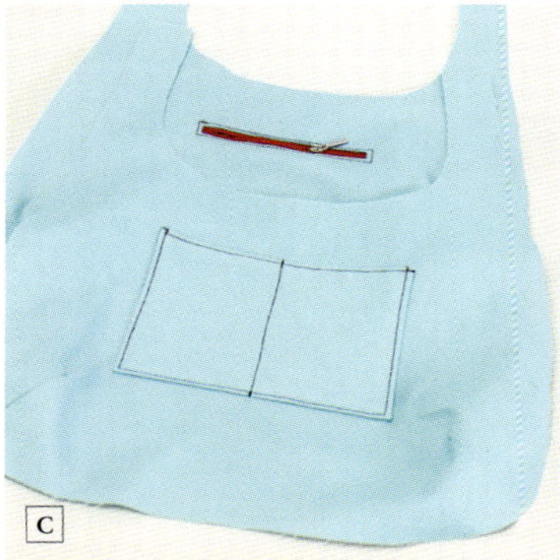
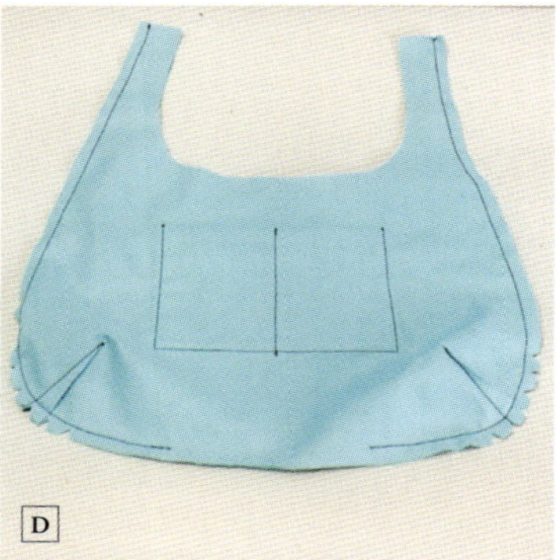
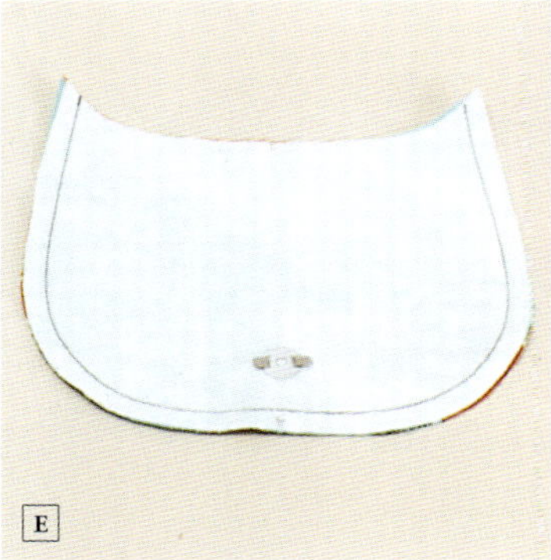

Oberstoff und Futter verstürzen

1. Schieben Sie die Oberstofftasche rechts auf rechts in die Futtertasche. Die Klappe liegt dabei zwischen Futter und Oberstoff. **ABBILDUNG H**

2. Stecken und verstürzen Sie Oberstoff und Futter an der Eingriffkante. **ABBILDUNG I**

3. Schneiden Sie die Nahtzugabe an den Trägerecken zurück und an den Rundungen ein. **ABBILDUNG J**

4. Wenden Sie die Klappentasche durch die Öffnung im Futter. Schließen Sie die Wendeöffnung.

5. Schieben Sie das Futter in den Oberstoff. Bügeln Sie die Eingriffkante der Tasche. Steppen Sie die Eingriffkante schmalkantig ab. **ABBILDUNG K**

H

I

J

K

Tasche fertigstellen

1. Bügeln Sie die Querkanten des Riementeils 1 cm um. **ABBILDUNG L**

2. Fertigen Sie den Riemen. Siehe Band B (Seite 19). **ABBILDUNG M**

3. Befestigen Sie den Riemen. Ziehen Sie dazu einen O-Ring auf einen der Träger. Schlagen Sie den Träger 2,5 cm nach innen um und steppen Sie ihn schmalkantig auf. Befestigen Sie den anderen O-Ring entsprechend.

4. Ziehen Sie einen O-Ring bis zur gewünschten Länge auf den Riemen und schlagen Sie den Riemen um. Stecken und steppen Sie den Riemen fest. Wiederholen Sie diesen Schritt auf der anderen Seite. **ABBILDUNG N**

L

M

N

Klappentasche Violet

Strandtasche Valentina

Diese Tasche ist praktisch und groß, wie eine trendige Tasche sein muss. Sie können darin viele große und kleine Dinge unterbringen: Laptops, Schulbücher, Lebensmittel, Windeln, was auch immer! Valentina eignet sich auch hervorragend für einen Tagesausflug oder als Strandtasche. Wenn Sie schwere Stoffe verwenden, wird die Tasche stabiler und ist schweren Gegenständen besser gewachsen. Die kurzen Henkel sind auf die Taschengröße abgestimmt und verteilen das Gewicht gleichmäßig auf Hand oder Schulter der Trägerin.

FERTIGE GRÖSSE 44,5 cm breit × 34,5 cm hoch × 15 cm tief

LEVEL sehr einfach ❁

MATERIAL

Der Stoffverbrauch bezieht sich auf 140 cm breiten Stoff und 90 cm breite Einlage. Der Stoffverbrauch in yard (0,91 m) für Stoffe von Sue Kim und andere Patchworkstoffe ist in Klammern angegeben und bezieht sich auf eine Stoffbreite von 42" (106,5 cm).

80 cm (1⅛ yards) Oberstoff

80 cm (1⅛ yards) Futterstoff

40 cm (⅛ yard) kontrastfarbiger Stoff für Henkel *(optional)*

1,05 m Bügeleinlage *(optional)*

Magnetverschluss, 18 mm

Reißverschluss, 18 cm

HINWEIS

- 1 cm Nahtzugabe ist im Schnitt enthalten.
- Verriegeln Sie bei allen Nähten Anfang und Ende.

ZUSCHNEIDEN

Kopieren Sie den Schnitt im Stoffbruch. Oder kopieren Sie auf einlagigem Stoff zunächst eine Hälfte, legen das Schnittmuster dann spiegelverkehrt auf und kopieren die andere Hälfte. Übertragen Sie alle Punkte und Markierungen. Schneiden Sie Oberstoff, Futterstoff und Bügeleinlage zu.

Verwenden Sie die Schnittmuster Strandtasche Valentina, Vorder-/Rückseite und Seitenteil (Schnittmusterbogen, Seite 2).

Oberstoff

- 2 × Vorder-/Rückseite
- 2 × Seitenteil
- 1 × Boden: 47 cm × 17 cm
- 2 × Henkel: 38 cm × 10 cm (aus demselben Stoff oder einem kontrastfarbigen Stoff)

Futterstoff

- 2 × Vorder-/Rückseite
- 2 × Seitenteil
- 1 × Boden: 47 cm × 17 cm
- 2 × Taschenbeutel für Innentasche mit Reißverschluss: 18 cm × 15 cm
- 2 × Aufgesetzte Innentasche: 18 cm × 14,5 cm

Bügeleinlage (optional)

- 2 × Vorder-/Rückseite
- 2 × Seitenteil
- 1 × Boden: 47 cm × 17 cm
- 2 × Henkel 38 cm × 10 cm

Magnetverschluss einsetzen

Setzen Sie den Magnetverschluss nach den Herstellerangaben in die rechte Seite von Futter-Vorderseite und Futter-Rückseite ein. Siehe Magnetverschluss einsetzen (Seite 9).

Oberstofftasche fertigen

1. Bügeln Sie die Einlage nach den Herstellerangaben auf die linke Seite der Oberstoffteile.

2. Legen Sie ein Oberstoff-Seitenteil rechts auf rechts auf die Oberstoff-Vorderseite. Stecken und schließen Sie die Seitennaht. Nähen Sie das andere Seitenteil an die Vorderseite. Lassen Sie die beiden Seitennähte unten 1 cm offen: So lassen sich die Seitenteile besser an den Boden annähen. **ABBILDUNG A**

3. Stecken und nähen Sie die Oberstoff-Seitenteile rechts auf rechts an die Oberstoff-Rückseite, lassen Sie die Nähte unten 1 cm offen. **ABBILDUNG B**

4. Stecken und nähen Sie den Oberstoff-Boden rechts auf rechts an Vorderseite, Rückseite und Seitenteile. Drehen Sie den Stoff dabei an den Ecken. Schneiden Sie die Nahtzugabe an den Bodenecken zurück. **ABBILDUNG C**

Futtertasche nähen

1. Arbeiten Sie die Innentaschen ein. Siehe Aufgesetzte Innentasche (Seite 12) und Innentasche mit Reißverschluss (Seite 14). **ABBILDUNG D**

2. Nähen Sie die Futterteile ebenso zusammen wie die Oberstoffteile, lassen Sie dabei in einer Bodennaht eine 15 cm lange Wendeöffnung. **ABBILDUNG E**

A

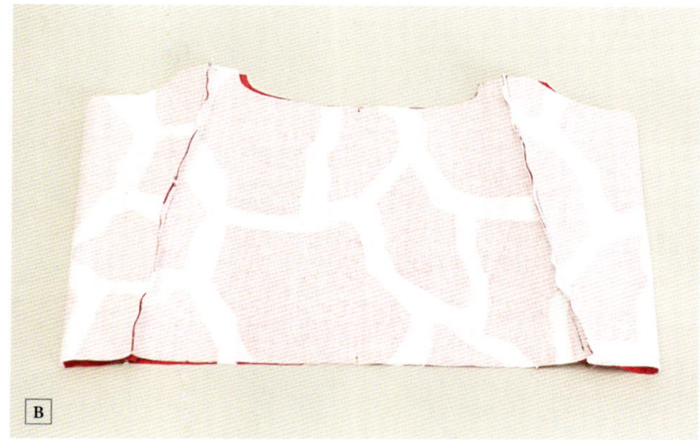

B

C

D

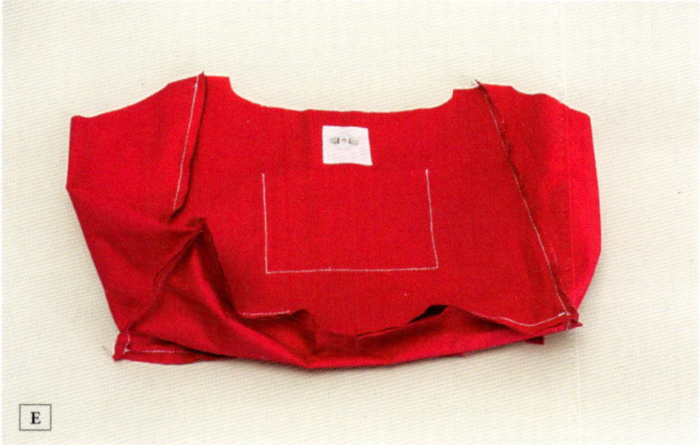

E

Henkel fertigen

1. Fertigen Sie das Henkelband. Siehe Band A (Seite 18). **ABBILDUNG F**

2. Stecken und heften Sie je ein Henkelende an der Oberstoff-Vorderseite und der Oberstoff-Rückseite an eine Trägerkante. **ABBILDUNG G**

Oberstoff und Futter verstürzen

1. Bügeln Sie bei Oberstoff und Futter die Nähte auseinander. Schieben Sie den Oberstoff rechts auf rechts in das Futter, die Henkel liegen zwischen den beiden Teilen. **ABBILDUNG H**

2. Stecken und verstürzen Sie die Eingriffkante, steppen Sie dabei über die Henkel und lassen Sie auf der Seite ohne Henkel eine Öffnung in der Naht. **ABBILDUNG I**

3. Schneiden bzw. kerben Sie die Nahtzugabe an den Rundungen ein und an den Ecken zurück. Wenden Sie die Strandtasche durch die Öffnung im Futter. **ABBILDUNG J**

4. Schieben Sie bei der Nahtöffnung in der Eingriffkante die Nahtzugaben nach innen, schieben Sie die Henkel ein und stecken Sie diese fest.

5. Bügeln Sie die Versturznaht der Eingriffkante und steppen Sie die Kante rundherum schmalkantig ab. **ABBILDUNG K**

F

G

H

I

J

K

Kuriertasche June

In dieser Kuriertasche ist Platz für alles, was Sie unterwegs benötigen. Mithilfe des Gurtschiebers können Sie die Riemenlänge verändern. Eine Verzierung am Deckel, beispielsweise ein Drehverschluss oder ein Knopf, sind ein schönes Extra, aber kein Muss.

FERTIGE GRÖSSE 47 cm breit × 33 cm hoch × 5 cm tief

LEVEL Einfach ❆ ❆

MATERIAL

Der Stoffverbrauch bezieht sich auf 140 cm breiten Stoff und 90 cm breite Einlage. Der Stoffverbrauch in yard (0,91 m) für Stoffe von Sue Kim und andere Patchworkstoffe ist in Klammern angegeben und bezieht sich auf eine Stoffbreite von 42" (106,5 cm).

95 cm (1⅜ yards) Oberstoff

75 cm (1 yard) Futterstoff

Bügeleinlage

40 cm Reißverschluss für Futtertasche

18 cm Reißverschluss für Innentasche

Magnetverschluss, 18 mm, oder Drehverschluss, 5 cm

Gurtschieber, 4 cm

Karabinerhaken, 4 cm

D-Ring, 4 cm

1 Knopf, 6,5 cm Durchmesser *(optional, für Magnetverschluss)*

HINWEIS

- 1 cm Nahtzugabe ist im Schnitt enthalten.
- Verriegeln Sie bei allen Nähten Anfang und Ende.

ZUSCHNEIDEN

Übertragen Sie alle Punkte und Markierungen auf den Stoff. Schneiden Sie Oberstoff, Futterstoff und Bügeleinlage zu.

Oberstoff

- 2 × Vorder-/Rückseite: 49 cm × 35 cm
- 2 × Seitenteil: 7 cm × 52,5 cm
- 1 × Deckel: 45 cm × 34,5 cm
- 2 × Riemen/Schlaufe: 15 cm × 93 cm

Futterstoff

- 2 × Vorder-/Rückseite: 49 cm × 35 cm
- 2 × Seitenteil: 7 cm × 52,5 cm
- 1 × Deckel: 45 cm × 34,5 cm
- 2 × Reißverschlussleiste: 44,5 cm × 4,5 cm
- 2 × Reißverschlussbeleg: 44,5 cm × 4,5 cm

Bügeleinlage

- 2 × Vorder-/Rückseite: 49 cm × 35 cm
- 2 × Seitenteil: 7 cm × 52,5 cm
- 1 × Deckel: 45 cm × 34,5 cm

Markieren und schneiden Sie die Rundungen an Vorderseite, Rückseite und Deckel wie in der Zeichnung rechts dargestellt. Verwenden Sie die Schnittmuster Kuriertasche June, Rundung Vorder-/Rückseite und Rundung Deckel (Schnittmusterbogen, Seite 1).

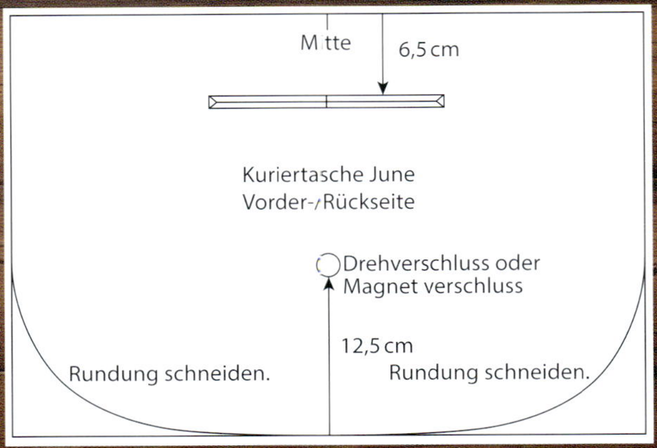

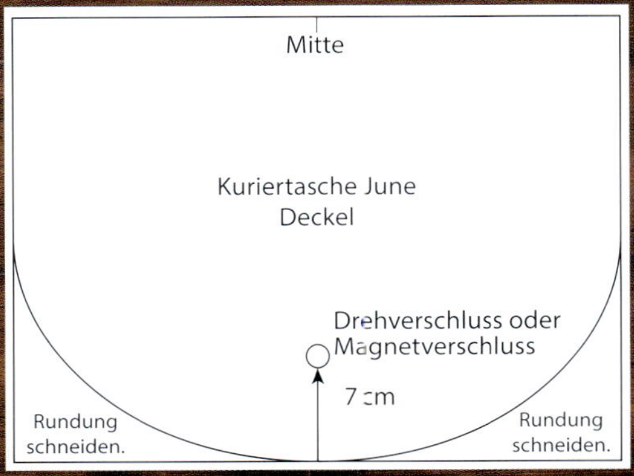

HINWEIS

- 1 cm Nahtzugabe ist im Schnitt enthalten.
- Verriegeln Sie bei allen Nähten Anfang und Ende.

Oberstofftasche fertigen

1. Bügeln Sie die Einlage nach den Herstellerangaben auf die linke Seite der Oberstoffteile.

2. Setzen Sie das Verschlussteil des Drehverschlusses an der auf der Zeichnung angegebenen Position in die Oberstoff-Vorderseite ein. Siehe Drehverschluss einsetzen (Seite 11). Wenn Sie einen Magnetverschluss verwenden, setzen Sie je ein Magnetteil in die Oberstoff-Vorderseite und den Futter-Deckel ein. Siehe Magnetverschluss einsetzen (Seite 9).

3. Legen Sie die Seitenteile rechts auf rechts aufeinander. Stecken und nähen Sie die Teile aneinander; bügeln Sie die Naht auseinander. Stecken Sie das zusammengesetzte Seitenteil rechts auf rechts an die Vorderseite. Stecken Sie dabei zunächst die Seitenteilnaht an die Mitte der Unterkante und dann die beiden Enden an die Seitenkanten. Kerben Sie die Nahtzugabe des Seitenteils an den Rundungen ein, wenn es sich sonst nicht anlegen lässt.

4. Nähen Sie das Seitenteil an die Vorderseite. **ABBILDUNG A**

5. Schneiden Sie die Nahtzugabe an den Rundungen ein. **ABBILDUNG B**

6. Wiederholen Sie Schritte 4–6 mit der Rückseite.

Futtertasche fertigen

1. Nähen Sie die Innentasche mit Reißverschluss 6,5 cm unterhalb der Oberkante der Futter-Rückseite auf. Siehe Innentasche mit Reißverschluss (Seite 14). **ABBILDUNG C**

2. Nähen Sie die Futtertasche wie unter Oberstofftasche fertigen, Schritte 3–7 beschrieben. Lassen Sie im Boden eine Wendeöffnung. **ABBILDUNG D**

A

B

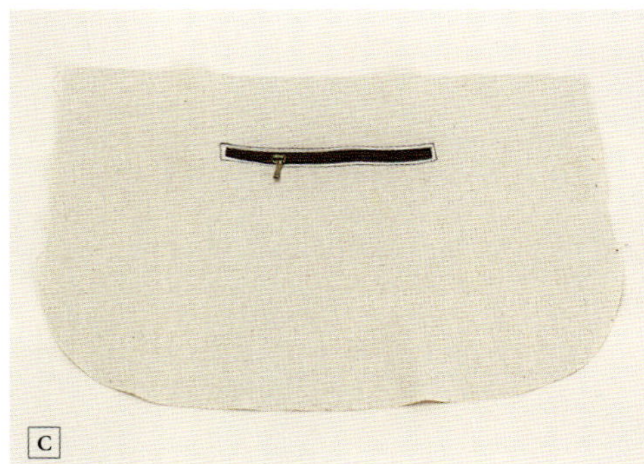
C

D

Reißverschluss in die Futtertasche einnähen

1. Legen Sie den geschlossenen Reißverschluss rechts auf rechts auf einen Reißverschlussbeleg. Die linke Reißverschlussseite ist zu sehen. Stecken Sie den Reißverschluss an den Beleg und nähen Sie ihn mit einem Reißverschlussfuß daran. Lassen Sie die Naht am Anfang und Ende 2 cm offen und steppen Sie füßchenbreit neben den Reißverschlusszähnchen. Verriegeln Sie die Naht. **ABBILDUNG E**

2. Legen Sie Reißverschlussbeleg und Reißverschlussleiste rechts auf rechts aufeinander. Der Reißverschluss liegt jetzt zwischen Leiste und Beleg.

3. Stecken und steppen Sie die drei Lagen dicht an die Reißverschlusszähnchen und lassen Sie die Naht wieder am Anfang und Ende 2 cm offen. **ABBILDUNG F**

4. Schlagen Sie den Beleg nach links um und bügeln Sie die Naht. Wiederholen Sie Schritte 1–4 mit dem anderen Beleg und der anderen Leiste. **ABBILDUNG G**

5. Bügeln Sie die kurzen Leistenkanten 1 cm nach links um. Wiederholen Sie den Schritt mit den Belegen. **ABBILDUNG H**

6. Bügeln Sie die langen Leistenkanten 1 cm nach links um. Wiederholen Sie diesen Schritt mit den Belegen. **ABBILDUNG I**

7. Schieben Sie die Bandenden des Reißverschlusses einzeln zwischen Leiste und Beleg. Steppen Sie die Reißverschlussleisten von rechts durch alle Lagen knappkantig ab. **ABBILDUNGEN J UND K**

8. Stecken Sie das Reißverschlussteil 2,5 cm unterhalb der Oberkante an Vorder- und Rückseite der Futtertasche. Steppen Sie das Reißverschlussteil an der Bruchkante knappkantig fest. **ABBILDUNG L**

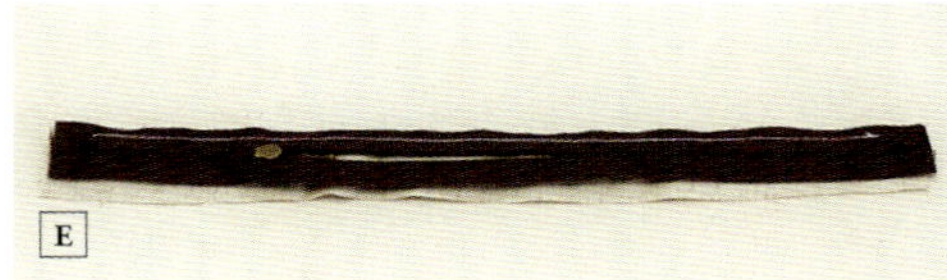
E

F

G

H

I

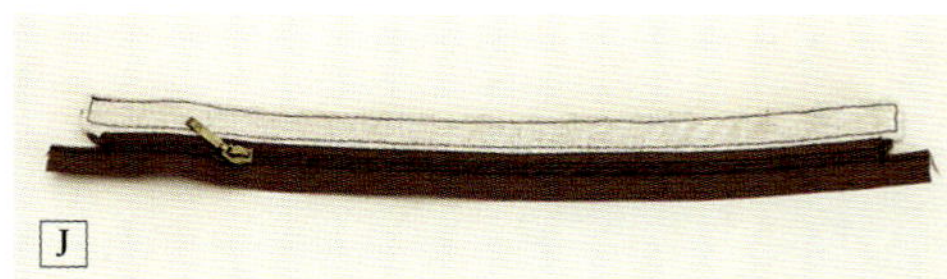
J

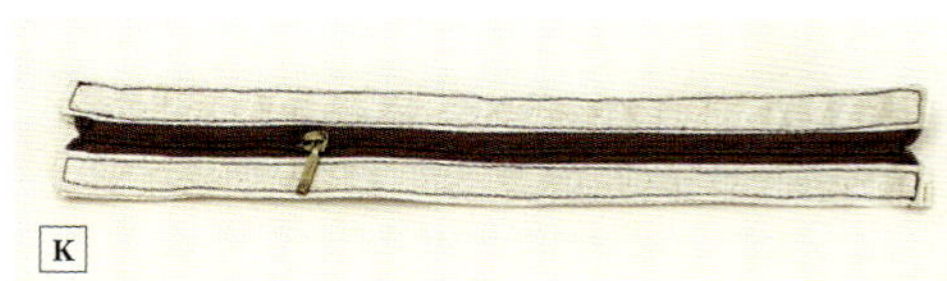
K

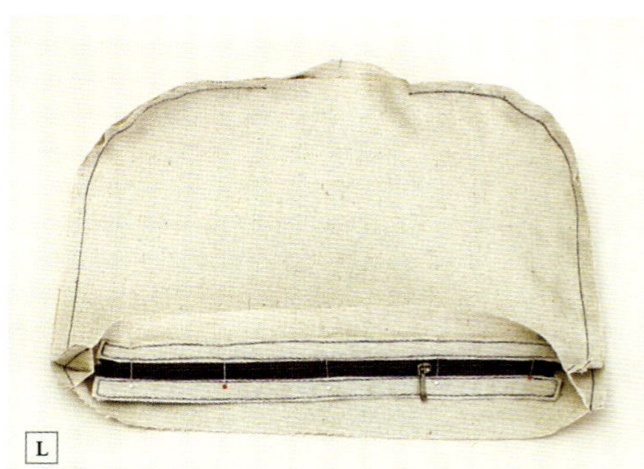
L

Deckel fertigen

1. Stecken Sie den Futter-Deckel rechts auf rechts auf den Oberstoff-Deckel. Verstürzen Sie nur die gebogene Kante, lassen Sie die gerade Kante offen. Kerben Sie die Nahtzugabe an den Rundungen ein.

2. Wenden und bügeln Sie den Deckel.

3. Steppen Sie die Kante 1,3 cm breit ab. **ABBILDUNG M**

M

4. Legen Sie den Deckel mittig, mit den offenen Kanten bündig, rechts auf rechts auf die Oberstoff-Rückseite. Stecken und heften Sie die offenen Kanten. **ABBILDUNG N**

N

5. Setzen Sie Ober- und Unterteil des Drehverschlusses in den Deckel ein. Siehe Drehverschluss einsetzen (Seite 11).

Schlaufe und Riemen fertigen

1. Nähen Sie die beiden Riementeile an einem Ende aneinander. Bügeln Sie die Naht auseinander. Schneiden Sie daraus 1 × Riemen: 15 cm × 156 cm und 1 × Schlaufe: 15 cm × 28 cm zu.

2. Fertigen Sie den Riemen. Siehe Band B (Seite 19).

3. Fertigen Sie die Schlaufe. Siehe Band A (Seite 18). Ziehen Sie den D-Ring auf die Schlaufe und falten Sie die Schlaufe auf die Hälfte. Stecken Sie die offenen Schlaufenkanten zusammen, damit der D-Ring nicht herausrutschen kann.

4. Legen Sie die Schlaufe rechts auf rechts mittig auf die rechte Seite der Seitennaht. Stecken und heften Sie die offenen Kanten.

5. Legen Sie die offene Riemenkante rechts auf rechts mittig auf die rechte Seite der anderen Seitennaht. Stecken und heften Sie die offenen Kanten. **ABBILDUNG O**

O

Oberstoff und Futter verstürzen

1. Schieben Sie die Oberstofftasche rechts auf rechts in die Futtertasche. Deckel, Riemen und Schleife liegen dabei zwischen Futter und Oberstoff.

2. Stecken Sie Oberstoff und Futter an der Oberkante aneinander. **ABBILDUNG P**

3. Verstürzen Sie die Oberkante. Kerben Sie die Nahtzugabe an den Seitennähten ein.

4. Wenden Sie die Kuriertasche durch die Öffnung im Futter. Schließen Sie die Wendeöffnung. Schieben Sie das Futter in den Oberstoff. Bügeln Sie die Oberkante der Tasche. Steppen Sie die Oberkante schmalkantig ab.

5. Ziehen Sie den Gurtschieber auf. Siehe Gurtschieber aufziehen (Seite 19). **ABBILDUNG Q**

P

Q

AIR MAIL

Shopper Miranda

Der Shopper Miranda ist leicht zu nähen und besitzt eine schlichte Eleganz. Die Henkeltasche ist insgesamt weit geschnitten und dadurch praktisch und freizeittauglich. Sie passt daher gut zu lässigen Outfits, beispielsweise zu einem locker fallenden Sommerkleid und Flip-Flops. Als Strandtasche ist Miranda ebenfalls hervorragend geeignet, sie hat genau die richtige Größe für ein zweites Outfit, einen Badeanzug und ein Handtuch.

FERTIGE GRÖSSE 51 cm breit × 43 cm hoch (ohne Henkel) × 7,5 cm tief

LEVEL sehr einfach ❄

MATERIAL

Der Stoffverbrauch bezieht sich auf 140 cm breiten Stoff und 90 cm breite Einlage. Der Stoffverbrauch in yard (0,91 m) für Stoffe von Sue Kim und andere Patchworkstoffe ist in Klammern angegeben und bezieht sich auf eine Stoffbreite von 42" (106,5 cm).

80 cm (1 yard) Oberstoff

40 cm (1 yard) Futterstoff

45 cm Bügeleinlage

80 cm Textilriemen, 3 cm breit, oder 1 Satz Leder- oder Textilhenkel, 38 cm lang

HINWEIS

- 1 cm Nahtzugabe ist im Schnitt enthalten.
- Verriegeln Sie bei allen Nähten Anfang und Ende.

ZUSCHNEIDEN

Übertragen Sie alle Punkte und Markierungen auf den Stoff. Schneiden Sie Oberstoff, Futterstoff und Bügeleinlage zu.

Verwenden Sie das Schnittmuster Shopper Miranda, Falten Hauptteil (Schnittmusterbogen, Seite 2)

Oberstoff

- 4 × Bund: 40 cm × 12 cm
- 2 × Hauptteil: 61,4 cm × 39 cm

Futterstoff

- 2 × Hauptteil: 61,5 cm × 39 cm

Bügeleinlage

- 4 × Bund: 40 cm × 12 cm

Textilriemen (falls keine vorgefertigten Henkel verwendet werden)

- 2 × Textilriemen: 38 cm

Oberstoff und Futter nähen

1. Bügeln Sie die Einlage nach Herstellerangaben auf die linke Seite der Oberstoff-Hauptteile.

2. Legen Sie das Schnittmuster Shopper Miranda, Falten Hauptteil, an einer langen Kante auf die rechte Stoffseite. Übertragen Sie die Faltenlinien auf eine Hälfte des Teils. Legen Sie das Schnittmuster spiegelverkehrt auf und übertragen Sie die Faltenlinien auf die andere Hälfte des Teils. Legen und stecken Sie die Falten von rechts. Legen Sie dabei jeweils die Bruchlinie auf die Anlegelinie, siehe Schnittmuster. Der Falteninhalt zeigt auf der linken Stoffseite jeweils nach außen. Der Faltenbruch zeigt auf der rechten Stoffseite jeweils zur Mitte. Wiederholen Sie diesen Schritt mit dem anderen Hauptteil und fixieren Sie die Falten an der oberen Kante mit einer Naht. **ABBILDUNG A**

3. Steppen Sie die Faltenbrüche jeweils 5 cm fest. Verriegeln Sie die Nähte am Anfang und am Ende. **ABBILDUNG B**

4. Legen Sie ein Bundteil rechts auf rechts auf ein in Falten gelegtes Hauptteil und stecken Sie die Mitte fest. Stecken Sie dann das restliche Bundteil an das Faltenteil. Nähen Sie die beiden Teile aneinander.

5. Schlagen Sie den Bund nach rechts um und bügeln Sie die Naht. Steppen Sie die Naht schmalkantig ab. Wiederholen Sie Schritte 4 und 5 mit dem anderen Hauptteil. **ABBILDUNG C**

6. Legen Sie die Futter-Hauptteile ebenso in Falten. Nähen Sie die beiden restlichen Bundteile an die in Falten gelegten Futter-Hauptteile.

7. Legen Sie einen Textilhenkel auf der rechten Seite an der Bundkante eines Oberstoff-Hauptteils an, die Henkelenden jeweils 5 cm von der Mitte. Stecken und heften Sie den Henkel an. Heften Sie den anderen Henkel entsprechend an die andere Oberstoff-Bundkante. **ABBILDUNG D**

8. Legen Sie die Oberstoff-Hauptteile rechts auf rechts aufeinander, die Henkel liegen innen. Streichen Sie den Stoff an der Unterkante flach aus. Stecken Sie die Versturzkante. Markieren Sie auf beiden Seiten 4 cm unterhalb der Bundnaht Punkt A. Verstürzen Sie den Oberstoff von einem Punkt A über den Taschenboden bis zum anderen Punkt A. **ABBILDUNG E**

9. Markieren Sie ein Quadrat mit 4 cm Kantenlänge an den beiden unteren Ecken und schneiden Sie das Quadrat heraus. **ABBILDUNG F**

10. Bügeln Sie die Nahtzugaben am Ende von Seitennaht und Bodennaht auseinander und legen Sie die Nähte aufeinander. Stecken Sie die Quernaht und nähen Sie diese zwei bis drei Mal 1 cm breit stabil ab. Nähen Sie die andere Quernaht ebenso ab. **ABBILDUNG G**

11. Wiederholen Sie Schritte 8–10 mit dem Futter. Lassen Sie in der Bodennaht eine Wendeöffnung.

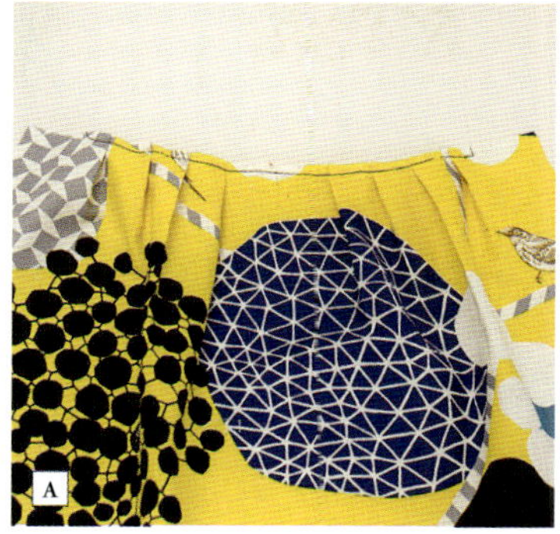

Oberstoff und Futter verstürzen

1. Wenden Sie die Oberstofftasche und schieben Sie diese rechts auf rechts in die Futtertasche. Die Henkel liegen zwischen den beiden Lagen. **ABBILDUNG H**

2. Stecken Sie ein Bundpaar rechts auf rechts aneinander. Verstürzen Sie die Bundseite von einem Punkt A bis zum anderen. Verstürzen Sie die andere Bundseite ebenso. **ABBILDUNG I**

3. Schneiden Sie die Nahtzugabe an den Ecken zurück. Kerben Sie die Nahtzugaben bei den Punkten A ein. **ABBILDUNG J**

4. Wenden Sie den Shopper durch die Öffnung im Futter und schließen Sie die Nahtöffnung.

5. Bügeln Sie die Eingriffkante der Tasche und steppen Sie diese ab. Beginnen und beenden Sie die Naht an derselben Stelle, drehen Sie den Stoff an den Ecken und Seitennähten. **ABBILDUNG K**

H

I

J

K

Henkeltasche Stephanie

Diese Henkeltasche ist die ideale Handtasche für vielbeschäftigte Frauen. Sie bietet genug Platz für alle wichtigen Dinge. Sie können die Tasche aus sieben verschiedenen Stoffen zusammensetzen, wenn Sie sich nicht für einen Stoff entscheiden können. Die Lederhenkel werden mit der Hand an die Tasche genäht und verleihen ihr die besondere Note. Das Zusammensetzen der Vorderseite und das Annähen der Henkel ist aufwendig, doch die Mühe lohnt sich. Die Henkeltasche ist ein Blickfang und macht gute Laune!

FERTIGE GRÖSSE 31 cm breit × 36 cm hoch (ohne Henkel) × 11,5 cm tief

LEVEL sehr einfach ❁

MATERIAL

Der Stoffverbrauch bezieht sich auf 140 cm breiten Stoff und 90 cm breite Einlage. Der Stoffverbrauch in yard (0,91 m) für Stoffe von Sue Kim und andere Patchworkstoffe ist in Klammern angegeben und bezieht sich auf eine Stoffbreite von 42" (106,5 cm).

45 cm (⅝ yard) Oberstoff (oder 5 cm bis 15 cm von 6 Stoffen plus 45 cm (½ yard) für die Rückseite)

45 cm (¾ yard) Futterstoff

45 cm Bügeleinlage

1 Satz Lederhenkel, 55 cm lang

18 cm Reißverschluss für Innentasche

Magnetverschluss, 18 mm

HINWEIS

- 6 mm Nahtzugabe ist im Schnitt enthalten.
- Verriegeln Sie bei allen Nähten Anfang und Ende.

ZUSCHNEIDEN

Übertragen Sie alle Punkte und Markierungen auf den Stoff. Schneiden Sie Oberstoff, Futterstoff und Bügeleinlage zu.

Oberstoff

Vorderseite aus einem Stoff

- 2 × Vorder-/Rückseite: 40,5 cm × 43 cm

Vorderseite aus Stoffstücken

- 1 Vorderseiten-Stück: 40,5 cm × 11 cm (von oben)
- 1 Vorderseiten-Stück: 40,5 cm × 4,5 cm
- 1 Vorderseiten-Stück: 40,5 cm × 12 cm
- 1 Vorderseiten-Stück 40,5 cm × 7 cm
- 1 Vorderseiten-Stück 40,5 cm × 4,5 cm
- 1 Vorderseiten-Stück 40,5 cm × 11 cm
- 1 × Rückseite: 40,5 cm × 43 cm

Futterstoff

- 2 × Vorder-/Rückseite: 40,5 cm × 43 cm
- 2 × Taschenbeutel für Innentasche mit Reißverschluss: 18 cm × 15 cm

Bügeleinlage

- 2 × Vorder-/Rückseite: 40,5 cm × 43 cm

Markieren und schneiden Sie die Rundungen bei Oberstoff, Futter und Bügeleinlage wie in der Zeichnung unten dargestellt. Verwenden Sie das Schnittmuster Henkeltasche Stephanie, Rundung Vorder-/Rückseite (Schnittmusterbogen, Seite 1).

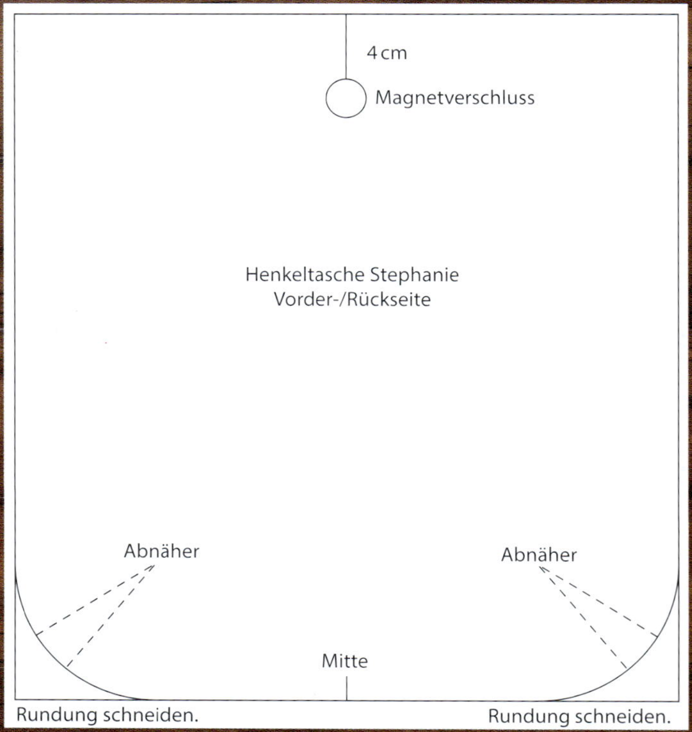

Vorderseite zusammensetzen (*optional*)

Nähen Sie die Streifen in der angegebenen Reihenfolge mit einer 6 mm breiten Naht zu einer Front zusammen. Bügeln Sie die Nähte zu einer Seite und steppen Sie alle Nähte ab. Schneiden Sie die Vorderseite gegebenenfalls auf 40,5 cm × 43 cm zurück. Schneiden Sie die Rundungen wie in der Zeichnung auf Seite 112 dargestellt.

Oberstoff und Futter nähen

1. Bügeln Sie die Einlage nach den Herstellerangaben auf die linke Seite von Oberstoff-Vorderseite und Oberstoff-Rückseite.

2. Schließen Sie die Abnäher im Oberstoff und im Futter. Siehe Abnäher fertigen (Seite 17).

3. Legen Sie die Oberstoff-Vorderseite rechts auf rechts auf die Oberstoff-Rückseite. Stecken und verstürzen Sie die Oberstofftasche U-förmig. Verriegeln Sie die Naht am Anfang und am Ende. Die Abnäher von Vorder- und Rückseite sind in entgegengesetzte Richtung gelegt.

4. Kerben Sie die Nahtzugabe an den Rundungen ein. **ABBILDUNG A**

5. Nähen Sie die Innentasche mit Reißverschluss 7 cm unterhalb der Oberkante in das Futter. Siehe Innentasche mit Reißverschluss (Seite 14).

6. Setzen Sie den Magnetverschluss in Futter-Front und Futter-Rückseite ein. Siehe Magnetverschluss einsetzen (Seite 9). **ABBILDUNG B**

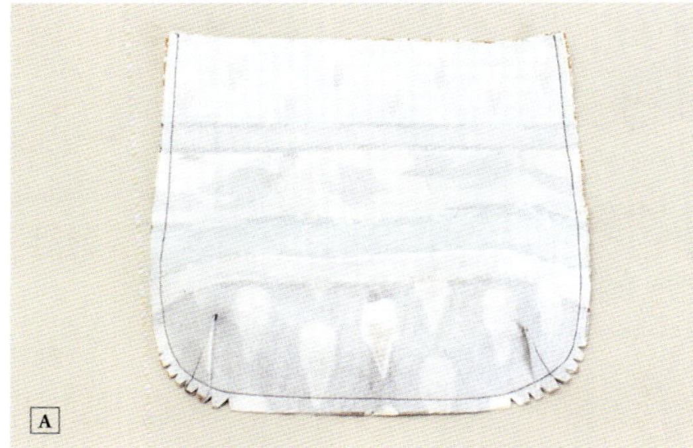

A

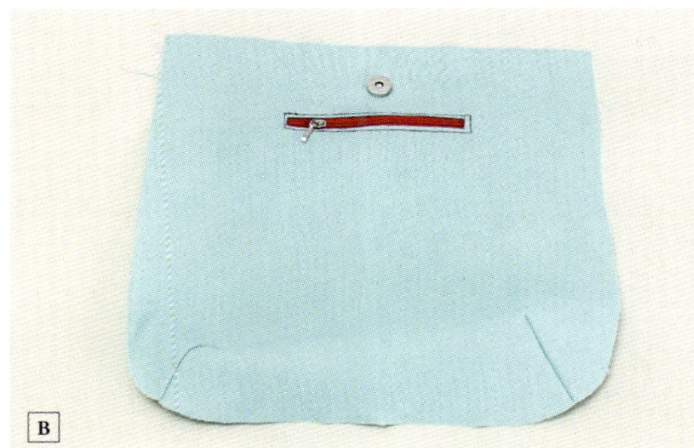

B

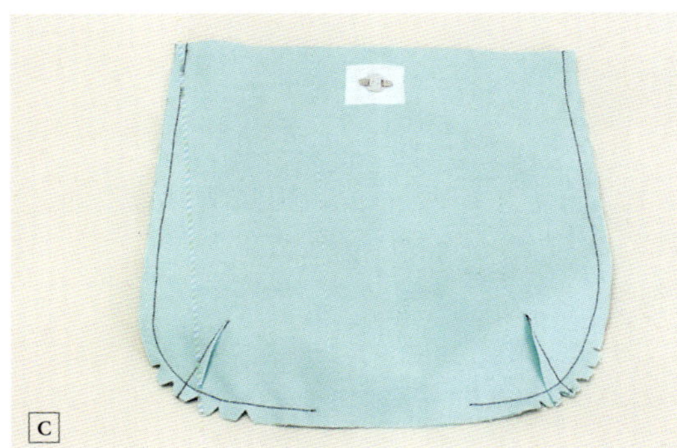

C

7. Fertigen Sie das Futter mit den Schritten 2–4 und lassen Sie an der Unterkante eine Wendeöffnung. **ABBILDUNG C**

Oberstoff und Futter verstürzen

1. Bügeln Sie bei Oberstoff und Futter die Nähte auseinander. Wenden Sie die Oberstofftasche und schieben Sie diese rechts auf rechts in die Futtertasche. **ABBILDUNG D**

2. Stecken Sie Oberstoff und Futter aneinander und verstürzen Sie die Eingriffkante. Wenden Sie die Henkeltasche durch die Nahtöffnung und schließen Sie die Wendeöffnung. **ABBILDUNG E**

3. Schieben Sie das Futter in den Oberstoff und bügeln Sie die Eingriffkante. Steppen Sie die Kante schmalkantig ab. **ABBILDUNG F**

Henkel befestigen

Legen Sie die Henkel an der gewünschten Position außen an der Tasche an. Nähen Sie die Henkel nach den Herstellerangaben an. Siehe Leder- oder Textilhenkel annähen (Seite 18).

D

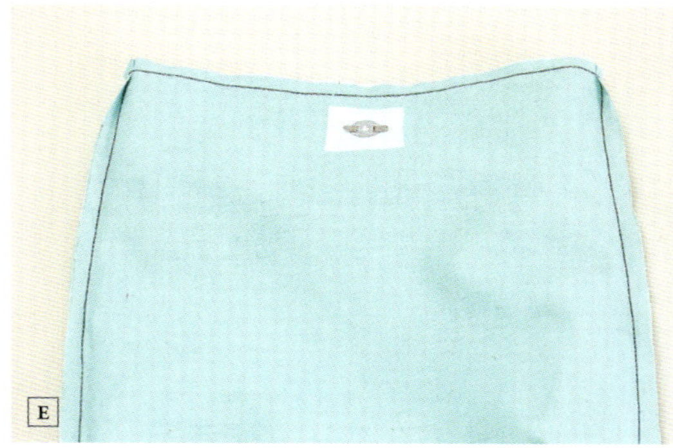
E

F

Les doux flocons de
la neige ont disparu
Silencieusem ent
dans tes mains

Faltbarer Einkaufsbeutel

Dieses Projekt ist für jedes Level geeignet. Der Einkaufsbeutel lässt sich zusammengefaltet in die Außentasche stecken – wie praktisch. Am besten, Sie haben den Einkaufsbeutel bei jeder Shopping-Tour dabei.

FERTIGE GRÖSSE 30,5 cm × 42 cm hoch × 11,5 cm tief

LEVEL sehr einfach ❄

MATERIAL

Der Stoffverbrauch bezieht sich auf 140 cm breiten Stoff und 90 cm breite Einlage. Der Stoffverbrauch in yard (0,91 m) für Stoffe von Sue Kim und andere Patchworkstoffe ist in Klammern angegeben und bezieht sich auf eine Stoffbreite von 42" (106,5 cm).

80 cm (1 yard) Oberstoff *(optional: Vorderseite aus zwei verschiedenen Stoffen)*

20 cm (¼ yard) für Außentasche oder separates Täschchen

80 cm (1¼ yards) Futterstoff

Magnetverschluss, 18 mm *(optional)*

12 cm schmales Gummiband für Knopfverschluss

2 Knöpfe, 2,5 cm Durchmesser

HINWEIS

Nach der Anleitung für die Außentasche können Sie auch ein separates Täschchen fertigen.

HINWEIS

- 1 cm Nahtzugabe ist im Schnitt enthalten.
- Verriegeln Sie bei allen Nähten Anfang und Ende.

ZUSCHNEIDEN

Kopieren Sie das Schnittmuster direkt auf die linke Seite des einlagigen Stoffs. Übertragen Sie alle Punkte und Markierungen. Schneiden Sie die beiden Oberstoffe und den Futterstoff zu.

Verwenden Sie die Schnittmuster Faltbarer Einkaufsbeutel, Vorder-/Rückseite Einkaufsbeutel, Vorder-/Rückseite Außentasche und Klappe Außentasche (Schnittmusterbogen, Seite 1).

Oberstoff

- 2 × Vorder-/Rückseite Einkaufsbeutel
- 2 × Vorder-/Rückseite Außentasche
- 1 × Klappe Außentasche

Futterstoff

- 2 × Vorder-/Rückseite Einkaufsbeutel
- 2 × Vorder-/Rückseite Außentasche
- 1 × Klappe Außentasche

Oberstoff und Futter nähen

1. Legen Sie Oberstoff-Vorderseite und Oberstoff-Rückseite rechts auf rechts aufeinander. Stecken und schließen Sie die Seitennähte und anschließend die Bodennaht. **ABBILDUNG A**

2. Legen Sie die Seitennaht rechts auf rechts auf die Bodennaht. Stecken und schließen Sie die Quernaht. Wiederholen Sie diesen Schritt mit der anderen Quernaht. **ABBILDUNG B**

3. Befestigen Sie die Einlage nach Herstellerangabe auf den Futterteilen. Setzen Sie den Magnetverschluss in die Futterteile ein, mittig und 5 cm unterhalb der Oberkante. Siehe Magnetverschluss einsetzen (Seite 9). **ABBILDUNG C**

4. Nähen Sie die Futtertasche wie unter Schritt 1 und 2 oben beschrieben. Lassen Sie eine 15 cm lange Wendeöffnung.

Oberstoff und Futter verstürzen

1. Wenden Sie die Oberstofftasche und schieben Sie diese rechts auf rechts in die Futtertasche. **ABBILDUNG D**

2. Stecken Sie Oberstoff und Futter an der U-förmigen Eingriffkante aufeinander, von einem Trägerende zum anderen. Beginnen Sie 5 cm unterhalb der Trägerkante und verstürzen Sie die Eingriffkante. Stecken und verstürzen Sie die beiden Armausschnitte entsprechend. **ABBILDUNG E**

3. Schneiden Sie die Nahtzugabe an den Rundungen ein und an den Ecken zurück. **ABBILDUNG F**

4. Wenden Sie den Einkaufsbeutel durch die Öffnung im Boden. Schließen Sie die Wendeöffnung.

A

B

C

D

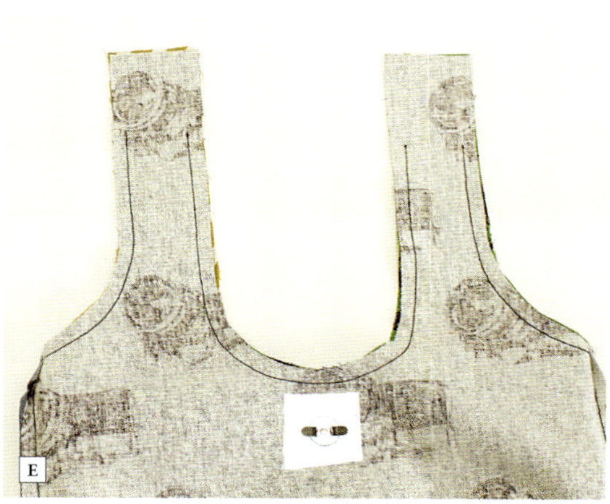
E

F

Träger fertigstellen

1. Schieben Sie das Futter in den Oberstoff. Legen Sie die Oberstoff-Träger rechts auf rechts aufeinander. Stecken und schließen Sie die Schulternähte. Bügeln Sie die Nähte auseinander. Schließen Sie die Schulternähte im Futter entsprechend. **ABBILDUNG G**

2. Schieben Sie die Nahtzugaben auf beiden Seiten der Träger nach innen und bügeln Sie die Träger. **ABBILDUNG H**

3. Stecken oder heften Sie die offenen Trägerkanten. Steppen Sie einen Armausschnitt schmalkantig ab. Steppen Sie den anderen Armausschnitt und die Eingriffkante des Einkaufsbeutels ab. **ABBILDUNG I**

Außentasche oder Täschchen fertigen

Hauptteile fertigen

1. Legen Sie die Oberstoff-Hauptteile rechts auf rechts aufeinander. Verstürzen Sie das Hauptteil U-förmig. Kerben Sie die Nahtzugabe an den Rundungen ein. **ABBILDUNG J**

2. Verstürzen Sie das Futter-Hauptteil ebenso.

G

H

I

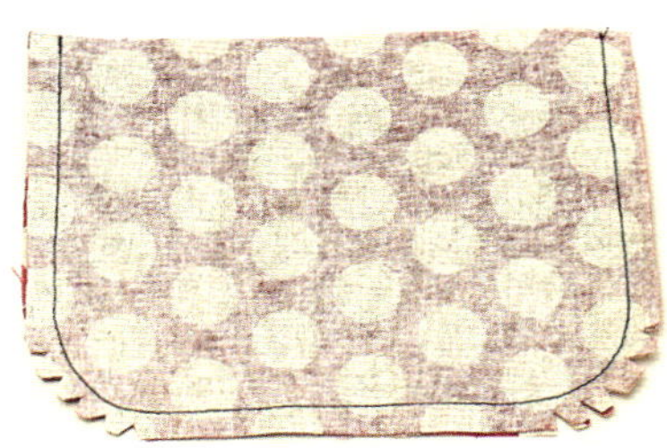

J

Klappe fertigen

1. Heften Sie die Gummischlinge mit der geschlossenen Seite nach innen auf die Oberstoff-Klappe. **ABBILDUNG K**

K

2. Legen Sie die Futter-Klappe rechts auf rechts auf die Oberstoff-Klappe. Verstürzen Sie nur die gebogene Kante, lassen Sie die gerade Kante offen. Kerben Sie die Nahtzugabe an den Rundungen ein. **ABBILDUNG L**

L

3. Wenden Sie die Klappe und bügeln Sie diese. Steppen Sie die verstürzte Kante füßchenbreit ab. **ABBILDUNG M**

M

4. Legen Sie die Klappe an der Rückseite des Hauptteils rechts auf rechts an den offenen Kanten an. Stecken und heften Sie die Klappe an die Tasche. **ABBILDUNG N**

N

Oberstoff und Futter verstürzen

1. Bügeln Sie bei Oberstoff und Futter die Nähte auseinander. Schieben Sie den Oberstoff rechts auf rechts in das Futter, die Klappe liegt zwischen den beiden Teilen. **ABBILDUNG O**

O

2. Stecken Sie die Eingriffkante der Außentasche. Verstürzen Sie die Eingriffkante 1 cm breit und lassen Sie eine 7,5 cm lange Wendeöffnung. **ABBILDUNG P**

P

3. Schneiden Sie die Nahtzugabe an den Ecken zurück. Wenden Sie die Außentasche. Bügeln Sie die Eingriffkante der Außentasche. Schieben Sie das Futter in den Oberstoff. Steppen Sie die Eingriffkante der Außentasche ab. **ABBILDUNG Q**

4. Wenden Sie die Außentasche nach links und nähen Sie den Knopf an die Futter-Vorderseite. Wenden Sie die Außentasche nach rechts und nähen Sie den optionalen zweiten Knopf an die Oberstoff-Vorderseite.

5. Stecken und steppen Sie die Außentasche an der Oberkante der Rückseite auf den Einkaufsbeutel, mittig, 10 cm unterhalb des Armausschnitts. **ABBILDUNG R**

Einkaufsbeutel falten

1. Schlagen Sie die Seiten rechts und links der Außentasche nach hinten um. **ABBILDUNG S**

2. Drehen Sie den Beutel um. Schlagen Sie die Henkel und den Boden zur Mitte ein. **ABBILDUNG T**

3. Wenden Sie den Beutel und stecken Sie ihn gleichzeitig in die Außentasche. **ABBILDUNG U**

4. Ziehen Sie die Gummischlaufe über den Knopf. **ABBILDUNG V**

Q

R

S

T

U

V

HANDMADE FOR YOU

Galerie

Henkeltasche Stephanie und Clutch Jayleen, Wachstuch

Handtasche Julianna und Clipbörse Madison

Klappentasche Violet und Clutch Evelyn

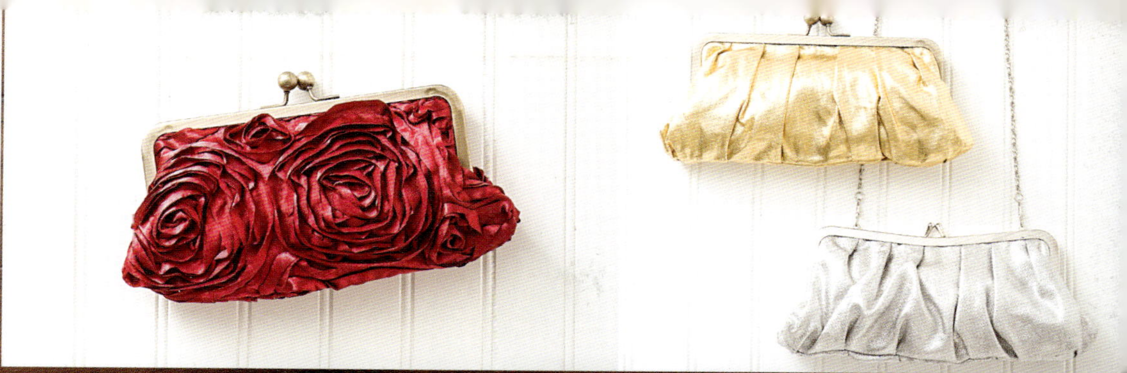

Bügeltasche Madison, Seidenstoff

Bügeltasche Madison, verzierter Stoff

Bügeltasche Madison, Metallicstoff

Hobo Thelma, Metallicstoff

Reisetasche Susan, Bügeltasche Madison und Zippertäschchen

Clutch Jayleen, Lederimitat

Klappentasche Violet und Handtäschchen Linnea, Spitzenstoff

Clutch Jayleen, Paillettenstoff

Über die Verfasserin

Sue Kim lebt in Manitoba, Kanada, mit ihren drei süßen Kindern und ihrem Mann. Ihre neuesten Entwürfe finden Sie auf ihrer Website ithinksew.com. Handarbeit hat sie immer begeistert und mit zehn Jahren fing sie mit dem Nähen an. Sie besitzt ein Master-Diplom in Alter Asiatischer Literatur. Doch das Nähen und Entwerfen blieb ihr Hobby. Glücklicherweise wurde sie gebeten, im Stoff- und Handarbeitsladen Jo-Ann Fabric and Crafts Kurse zu geben. Schließlich wurde sie von mehreren Patchworkläden für Kurse gebucht und dazu ermutigt, ihre eigenen Schnitte zu vermarkten. Ihre ersten kommerziellen Schnitte waren kleine Taschen und Clutches, und schließlich bat man sie, ein Buch mit Taschen- und Clutch-Schnitten zu schreiben. Heute verkauft Sue Kim vorwiegend PDF-Schnitte zum Herunterladen, weniger Papierschnitte. Sie hat mehrere Schnittmusterbücher fertiggestellt und arbeitet freiberuflich mit verschiedenen Verlagen und mit Herstellern von Schnittmustern zusammen.

Stoffdesigner

Riley Blake

Cloud 9 Fabric

Stoffe von Sue Kim

Weitere tolle Bücher

Taschen – Moderne Klassiker nähen
144 Seiten, 14,99 €
ISBN 978-3-86355-110-0

Taschen für jedes Beutelschema
128 Seiten, 16,99 €
ISBN 978-3-86355-238-1

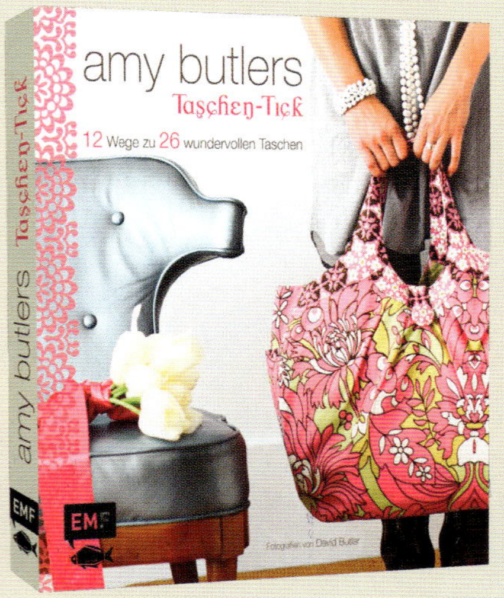

Amy Butlers Taschen-Tick
184 Seiten, 26,99 €
ISBN 978-3-86355-245-9

Kleider nähen
208 Seiten, 24,99 €
ISBN 978-3-86355-401-9